LES

PAPIERS SECRETS

DE L'EMPIRE

ÉDITION POPULAIRE

COMPLÈTE

PRIX : FR. 1-50

BRUXELLES

OFFICE DE PUBLICITÉ | BUREAU DU PETIT JOURNAL
46, rue de la Madeleine | 25, rue de l'Écuyer.

1871

LES

PAPIERS SECRETS

DE L'EMPIRE

Typ. de H.-D. Reynders, rue du Marais, 51.

LES

PAPIERS SECRETS

DE L'EMPIRE

ÉDITION POPULAIRE ET COMPLÈTE.

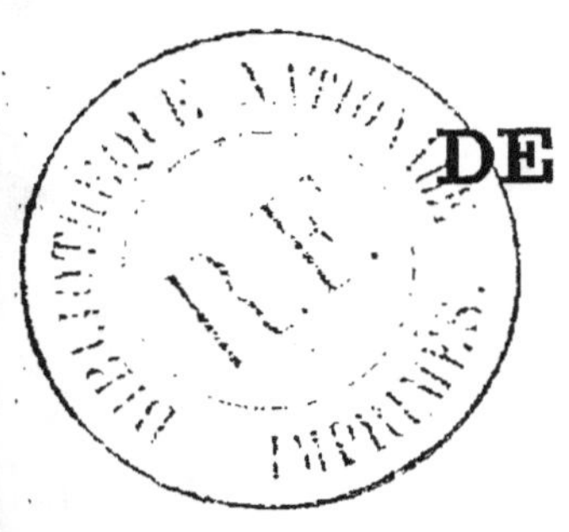

BRUXELLES

OFFICE DE PUBLICITÉ
46, rue de la Madeleine.

BUREAU DU PETIT JOURNAL
26, rue de l'Écuyer.

1871

AU LECTEUR.

Il est un plus grand service peut-être à
rendre aujourd'hui à la France que de la délivrer de l'invasion étrangère, — si lourde-
ment et si douloureusement que cette invasion pèse sur elle.

C'est de lui faire connaître à fond les misé-
rables auxquels elle doit son martyre.

La Prusse et ses armées, Guillaume, Bismark et Moltke, ne sont que des effets ;
— Bonaparte et le bonapartisme sont seuls
les causes.

Les vraies causes de tous les maux, de tous les deuils, de tous les désastres, de toutes les ruines qui, en ce moment, font d'une des plus vaillantes et des plus généreuses nations du monde une nation presque agonisante.

Et comme, à cette même heure, il ne manque pas de complices des meurtriers et des spoliateurs de la France qui n'ont qu'une pensée : celle qu'il peut y avoir encore pour eux une curée à faire avec les restes de la curée prussienne ;

Et, comme il existe aussi des dupes, — cuirassées d'assez d'égoïsme idiot ou d'ignorance aveugle pour coopérer à ce complot sans précédent et sans nom dans l'histoire des nations civilisées ;

Il faut dire aux uns et aux autres :

Voilà de quel attentat contre votre patrie, — vous, avec préméditation et guet-apens, — vous, instruments inconscients et serviles, — vous poursuivez l'accomplissement !

Déjà la sanglante histoire de ces six derniers mois a fait connaître au monde entier ce qu'on pourrait appeler le côté *grandiose* des crimes dont le bandit du 2 Décembre et ses acolytes étaient capables. La France, livrée presque sans armées et sans armes à l'invasion, Sedan et Metz, vendus ou offerts pour rien à l'ennemi, ont prouvé avec une sinistre éloquence jusqu'à quelle apogée de vol et de prévarication, de trahison et de lâcheté ils pouvaient atteindre.

Les Papiers secrets du second empire, — acte d'accusation plus grave encore peut-être et plus concluant, car il tombe plus directement sous le verdict de toutes les intelligences et de toutes les consciences, — sont venus donner la mesure complète du système de rapine, de corruption et de turpitudes auxquels s'exerçaient depuis vingt ans, — en manière d'étude préliminaire et de préparation aux grands effets, — le chef et les affiliés intimes de ce pouvoir, né du sang et de la débauche, auquel la malheureuse France avait commis la faute d'abandonner le soin de ses destinées.

Ces *Papiers secrets,* — si écrasants de révélations authentiques, si féconds en enseignements à cette heure, — c'est plus qu'une bonne et honnête action vulgaire de les populariser : c'est un devoir !

Il faut que les complices de l'Empire rêvant une récidive soient entièrement démasqués. Il faut que tout Français ait le droit de leur dire avec pleine connaissance de cause : — « Votre parti et vos chefs nous les savons par cœur : l'histoire de leur vie publique et de leur vie privée est écrite d'un bout à l'autre dans le code pénal !... »

Voilà dans quelle pensée d'enseignement salutaire nous publions ce résumé de tout ce que la découverte des *Papiers secrets du second Empire,* recueillis aux Tuileries, à Saint-Cloud et à Meudon, a produit de plus caractéristique sur les actes et sur les mœurs de la bande de malfaiteurs qui trouve que, le 2 septembre, Sedan n'a pas vu un couronnement suffisant de son édifice.

Que les insulteurs aux gages du bonapartisme ne viennent pas dire qu'en nous efforçant de faire pénétrer dans tous les rangs de la société cette édition, revue et condensée, des *Papiers secrets* nous cherchons à exploiter un succès de scandale.

S'il y a, en effet, scandale, — ce que certes nous sommes loin de nier, — la responsabilité en revient exclusivement à ceux qui ont pris le soin de se faire, pour l'édification du présent et de l'avenir, les historiens de leurs propres ignominies.

Car les *Papiers secrets de l'Empire* ne sont autre chose que l'histoire intime des hontes de l'Empire écrite par lui-même.

De la lecture de ce dossier, — qui n'a son pareil dans aucun greffe de tribunal criminel, — la conclusion qui ressort est celle-ci :

C'est que la race des bandits va en dégénérant. Les aïeux étaient braves et terribles, les descendants sont lâches et cruels. — Après les Mandrin, les Traupmann, — après Napoléon Iᵉʳ, Napoléon III. — Que seraient donc un nouvel empire et un nouvel empereur ?...

Puisse la France ne pas en faire l'expérience !

Puisse-t-elle être enfin assez désillusionnée sur l'homme de Sainte-Hélène et sur l'homme de Willemshœhe pour les maudire à jamais, — eux et leur lignée, — et pour jeter à la face de quiconque tenterait de faire revivre un vampire impérial, le seul nom digne d'un pareil attentat : TRAÎTRE A LA PATRIE !

Si saignante et si mutilée que soit la France, son ennemi le plus *mortel* n'est pas le vainqueur prussien, — c'est encore le vaincu Bonaparte. — Un patriote français, mettant l'inviolabilité du sol au dessus de l'inviolabilité du droit, s'écriait au début de la guerre : « Tout plutôt que l'invasion ! » Ce que nous lui répondions alors nous le répétons plus énergiquement aujourd'hui : — TOUT PLUTÔT QUE LE BONAPARTISME !

AVIS

Non seulement nous avons fait un choix parmi les papiers secrets de l'Empire, mais encore avons-nous cru utile d'adopter un classement qui, pensons-nous, ne peut qu'être agréable au lecteur. Voici dans quel ordre nous les lui présentons :

I. — POLITIQUE, DIPLOMATIE.

II. — GUERRE, ARMÉE, QUESTIONS MILITAIRES.

III. — ÉLECTIONS, PRESSE, CENSURE.

IV. — CORRUPTIONS, SCANDALES PUBLICS ET INTIMES.

I

POLITIQUE, DIPLOMATIE

Quand vous voudrez, prince, le trône est à vous.

MONSEIGNEUR,

J'ai l'honneur de vous adresser le rapport d'ensemble sur la mission que vous m'avez fait l'honneur de me confier.

J'ai pu constater l'état de l'esprit public de Tours à Bordeaux, de Bordeaux à Montpellier et Perpignan; je l'ai trouvé partout excellent. Partout on apprécie vivement les grands services que vous avez rendus au pays.

Parmi ces services, celui, peut-être, qui est le plus apprécié, c'est d'avoir débarrassé la société des éléments dangereux qui menaçaient de la dissoudre. Ce dernier sentiment a une telle vivacité, qu'il fait accueillir avec hostilité tout bruit d'amnistie.

La circulaire de M. le ministre de l'intérieur et les mises en liberté qui en ont été la suite avaient produit le plus mauvais effet. Le parti entier des anarchistes avait relevé la tête ; ceux des inculpés qui restaient encore entre les mains de la justice avaient interrompu ou rétracté les aveux qui faisaient connaître à l'autorité les plans et l'organisation des sociétés secrètes.

Ces fâcheux symptômes commençaient à s'effacer lorsque la nouvelle de la mission de clémence dont étaient chargés les commissaires extraordinaires les a fait renaître au point que, pour les calmer, j'ai dû ordonner que les convois de condamnés, arrêtés en vue de ma révision, reprendraient leur route aussitôt cette révision terminée.

Je reviens avec la conviction profonde que, dans tous les départements que j'ai parcourus, les commissions mixtes se sont pénétrées des instructions successives qui leur enjoignaient de ne frapper que les hommes réellement dangereux.

Dans les Deux-Sèvres, la Gironde, la Haute-Garonne et l'Aube, elles n'ont péché que par excès d'indulgence. Puissent-elles n'avoir pas à se repentir d'avoir laissé échapper une occasion, peut-être unique, de désorganiser l'anarchie !

Dans ces départements, les condamnations ne portent que sur quelques individus dès longtemps signalés par l'opinion publique comme des perturbateurs invétérés.

Dans le Lot-et-Garonne, les Pyrénées-Orientales et l'Hérault, où les insurgés, en commençant les hostilités, avaient motivé de nombreuses arrestations, on a pu saisir les ramifications des sociétés secrètes. Le nombre des affiliés connus dépasse 30,000 dans chacun des deux premiers départements, et 60,000 dans le troisième, organisés par décuries et centuries et prêts à se lever au premier signal.

En ne frappant que les chefs connus, les condamnations se seraient élevées à un chiffre énorme, et l'on a dû se borner à n'atteindre que les individus réellement influents ou ceux que leurs antécédents, puisés dans les annales des cours d'assises et de la police correctionnelle, signalaient comme soutiens habituels de toute révolte contre l'autorité.

Je n'ai pu, dans ma mission, réviser réellement les dossiers de chacun des condamnés politiques, dossiers dont l'établissement aurait demandé plusieurs mois d'étude assidue dans chaque département. Dès lors, pour éviter le double inconvénient d'inquiéter les populations par une application inconsidérée de la clémence, ou de froisser les premières autorités de chaque département qui avaient apporté dans leur travail le zèle le plus consciencieux, j'ai réuni les commissions mixtes, et, après leur avoir fait part de vos intentions, je leur ai demandé de me désigner elles-mêmes ceux des condamnés politiques qui leur paraissaient les plus dignes de votre clémence. Prenant ensuite leur travail pour base, et les dossiers en main, j'ai pu commuer un certain nombre de peines ou gracier un certain nombre de condamnés.

Muni de renseignements puisés soit dans la gendarmerie, soit dans la municipalité, soit dans le clergé, je me suis efforcé d'élargir ce travail autant qu'il était possible. Chacun apportait la plus grande bonne volonté. Nous avons tenu compte des demandes en grâce, des preuves écrites de repentir, et pourtant, sur près de 4,000 condamnations, je n'ai pu prononcer, en votre nom, que 100 commutations et 200 grâces entières.

Les grâces individuelles que vous avez déjà accordées, Monseigneur, ont produit en général une mauvaise impression dans le pays; les vrais chefs de l'anarchie en ont seuls profité, parce qu'eux seuls ont pu se faire recommander ; il s'est produit ainsi le scandale que vous vouliez surtout éviter, de voir des hommes influents échapper au châtiment , tandis que leurs aveugles instruments allaient expier dans l'exil les crimes des vrais coupables.

Il serait à désirer qu'à l'avenir, et pendant longtemps encore, votre clémence ne s'exerçat que su. l'initiative de l'administration locale. Elle seule peut apprécier sainement l'opportunité d'une mise en liberté, la validité d'un repentir, et de même qu'elle n'a pas craint de s'attirer la haine de nombreuses familles en faisant partie d'un tribunal exceptionnel, il est juste qu'elle puisse la calmer en devenant l'intermédiaire indispensable de la clémence.

(Les grâces sont souvent accordées, à Paris, sur les demandes de vieux partis, pour qui c'est un moyen de conserver une influence qui leur échappe.

Il est convenable que cette influence tout entière revienne à votre administration.)

Si ce vœu était accueilli, la marche suivante pourrait être adoptée. Tout condamné politique qui croirait avoir des droits à la clémence du gouvernement ferait personnellement une demande en grâce avec promesse de soumission; elle serait transmise, avec l'avis motivé du chef sous l'autorité duquel il est placé, au préfet du département dans lequel il a été condamné.

Tous les trois mois, chaque préfet transmettrait au ministre de la justice les demandes qui mériteraient d'être prises en considération.

En résumé, Monseigneur, l'esprit public est excellent. Les commissions mixtes ont scrupuleusement rempli leur mandat; parmi les services que vous avez rendus à la société, Monseigneur, celui qui est le plus apprécié est de l'avoir débarrassée d'une partie des éléments qui menaçaient de la dissoudre. L'opinion est hostile à toute amnistie immédiate, qui est regardée comme un piége tendu par les vaincus.

Les condamnations doivent être, quant à présent, maintenues; les grâces ne doivent être accordées que partiellement, sans éclat, et sur l'initiative des autorités locales.

J'ai l'honneur d'être, Monseigneur, votre fidèle sujet.

Le colonel, commandant extraordinaire,

ESPINASSE.

Ce qu'on attend de vous, sire, c'est le maintien de l'ordre !

LETTRE À L'EMPEREUR DU GÉNÉRAL ESPINASSE, DONNANT SA DÉMISSION DE MINISTRE DE L'INTÉRIEUR (1).

Cabinet du ministre de l'intérieur et de la sûreté générale.

Paris (juin 1858.)

SIRE,

D'après l'ouverture que vous m'avez faite hier, je prends la liberté de vous exposer mes idées sur la situation actuelle. Je le ferai avec la franchise que

(1) Le général Espinasse, qui avait été appelé au ministère de l'intérieur le 8 février 1858, en remplacement de M. Billault, lors du changement du ministère, amené par l'attentat d'Orsini, fut remplacé par M. Delangle en juin suivant.

Votre Majesté permet à mon dévouement, en homme qui n'a pas ambitionné l'honneur d'arriver au ministère, qui est prêt à le quitter sans regret, mais qui ne voudrait pas emporter en le quittant le chagrin d'une faute commise par votre gouvernement, d'une sorte de désaveu qui serait fait par vous de tout ce qui explique et justifie l'avénement de Votre Majesté.

A mes yeux, sire, la situation de 1851 et celle de 1858 ont bien plus d'analogie qu'on ne le suppose communément; le danger de la société est le même, il vient du même côté; et je ne crains pas de dire que la permanence même de ce danger est la raison d'être de l'empire rétabli par vos mains.

Si, de 1848 à 1851, toutes les institutions sociales n'avaient pas couru un péril tel qu'elles n'en ont jamais couru de plus grand, vous ne seriez qu'un ambitieux vulgaire ayant exploité à son profit quelques troubles passagers. Si le pays a vu et proclamé en vous son sauveur, c'est que ce péril a été immense et de la nature de ceux que six an - nées sont bien insuffisantes à dissiper. La France le sait et la France veut aujourd'hui exactement ce qu'elle a voulu en 1851.

Supposer que la France a voulu renouer, en

vous appelant au pouvoir, une tradition dynastique interrompue depuis trente-trois ans, c'est lui faire honneur de sentiments politiques que, par malheur, elle n'avait pas. Sans doute le nom de Napoléon avait dans le pays une immense popularité ; mais il était populaire comme symbole de gloire militaire et surtout comme symbole d'ordre. C'est l'ordre que le peuple a cherché en acclamant votre nom; c'est l'horreur de l'anarchie républicaine qui a été, pour la seconde fois, le sacre de la dynastie napoléonienne.

Et la fermeté de votre conduite a justifié l'espoir du peuple ; l'ordre rétabli, la France a semblé renaître ; une prospérité inouïe, un élan prodigieux dans les affaires ont été aux yeux du monde l'éclatante justification du coup d'État ; on peut dire que la France a vécu pendant trois ans sur cette idée que l'ordre public était désormais garanti par la volonté héroïque de Votre Majesté.

Que ce soit la faute des hommes ou des choses, le relâchement s'est fait ensuite. Dissimulé d'abord par les préoccupations de la guerre, il s'est révélé quand la paix a été conclue. Les partis hostiles ne s'y sont pas trompés, et leur sourde agitation a pu nous avertir qu'ils ne sentaient plus aussi ferme la main qui les avait contenus. Des drapeaux abattus se sont relevés, des oppositions réduites au silence ont repris la parole ; le journalisme est redevenu une arène ouverte aux passions et aux espérances ravivées par les hésitations apparentes du gouvernement.

L'attitude prise aux élections générales par la faction démagogique a été le premier indice grave d'une situation dont l'odieux attentat du 14 janvier n'a pas été un crime isolé, comme quelques-uns l'ont prétendu ; ce n'est pas un crime isolé que celui qui est connu, attendu, approuvé par tout un parti, et que tout un parti se tient prêt à exploiter s'il réussit.

En présence de cette féroce tentative et à la vue des coupables espérances qui se fondaient sur elle, la population a eu conscience du danger nouveau qu'elle courait, et un cri général est monté vers vous, sire, un cri qu'il n'est que juste de traduire par ces mots : « Garantissez-nous encore une fois l'ordre, dont nous vous avons fait le représentant et l'arbitre ; puisque le même péril nous menace, soyez ce que vous été déjà pour l'écarter de nos têtes ! »

Votre Majesté a compris ce vœu de la France,

et elle y a répondu par la loi de régence, par l'institution du conseil privé et les grands commandements militaires, par la loi de sûreté générale, enfin, j'ose le dire, par mon avénement au ministère de l'intérieur. Et Votre Majesté était si pénétrée du caractère de la situation telle que je viens de l'indiquer, qu'elle me faisait l'honneur de m'écrire le 15 février :

« Le corps social est rongé par une vermine
» dont il faut, coûte que coûte, se débarrasser. Il
» y a aussi des préfets qu'il faut renvoyer, malgré
» leurs protecteurs. Je compte pour cela sur votre
» zèle : ne cherchez pas, par une modération hors
» de saison, à rassurer ceux qui vous ont vu venir
» au ministère avec effroi. Il faut qu'on vous
» craigne; sans cela votre nomination n'aurait pas
» de raison d'être. »

La situation a-t-elle changé et complétement changé depuis le 15 février? ou bien y a-t-il eu excès dans les mesures de répression dont la pensée avait présidé à mon avénement au ministère?

Affirmer que, dans un espace de quatre mois, la situation est devenue toute différente de ce qu'elle était, ce serait affirmer une puérilité, que j'écarte sans hésiter d'une discussion sérieuse. Une telle assertion serait étrangement téméraire au moment où une réaction notable vers l'orléanisme est signalée à Paris, où un mouvement légitimiste assez considérable s'accomplit sur plusieurs points de la province; au moment enfin où les preuves des menées démagogiques fourmillent entre nos mains; mais, encore une fois, je ne veux pas m'appesantir sur un point qui ne peut pas soulever le moindre doute, et j'aborde la seconde question que je me suis posée : Y a-t-il eu excès dans les mesures répressives émanées de mon ministère ?

Je ne crains pas, sire, de répondre tout d'abord négativement. Je n'ai pas eu plus de modération qu'il n'en fallait avoir, et cependant j'en ai eu plus que Votre Majesté ne m'en imposait. Dans une conversation familière que vous me permettrez de rappeler, j'ai encouru de votre part ce reproche « que les militaires manquaient du courage civil.»

J'ai réduit à quarante l'état des six cents individus dangereux qui m'étaient signalés pour la seule ville de Paris ; j'ai réduit à deux cent soixante les dix mille arrestations qui étaient d'abord jugées nécessaires dans le reste de l'empire. Je n'ai pas donné d'avertissement à un seul journal, et en cela je n'ai pas même satisfait à toutes les exigences de l'opinion publique, car le journal *le Siècle*, contre lequel s'élevait une réprobation générale, subsiste encore.

Qu'il y ait eu dans les arrestations opérées quelques erreurs très-peu nombreuses, je suis loin de le contester ; elles portent sur des individus fort peu dignes d'intérêt ; elles tiennent un peu à la nature des choses, elles tiennent surtout au relâchement que je signalais tout à l'heure à Votre Majesté. Les préfets, livrés à eux-mêmes, vivaient tranquillement sur la foi des dossiers de 1852, sans s'être mis en peine le moins du monde des faits nouveaux qui avaient pu se produire.

Au point de vue administratif, j'ai fait preuve, permettez-moi de vous le dire, de la même modération ferme et circonspecte ; j'ai imprimé aux services languissants de l'administration centrale l'activité honnête qu'ils doivent avoir; j'ai supprimé des dépenses inutiles autant qu'immorales, et dont il est honteux de grever le trésor public ; j'ai mis en disponibilité quelques-uns de ces « préfets qu'il fallait renvoyer malgré leurs protecteurs ; » mais j'ai prouvé à tous que l'on parvenait sans peine jusqu'à moi, et que j'étais accessible à toute réclamation fondée et à toute prétention légitime.

Ceux qu'avaient pu émouvoir d'abord l'avénement d'un général se sont convaincus, en l'approchant, qu'ils avaient affaire à un homme qui saurait être ferme au besoin, mais qui serait prudent et bienveillant toujours et qui donnerait à tous l'exemple du travail persévérant et des déterminations consciencieuses et promptes.

Je vous parle de moi comme je vous parlerai d'un autre, tant je me considère comme désintéressé dans la question que Votre Majesté m'autorise à traiter, non pas que je ne sache l'impression bien fâcheuse pour ma réputation que peut produire mon éloignement des affaires après une aussi courte administration ; — mais c'est des intérêts de votre gouvernement que je veux avant tout me préoccuper.

Si la situation est exactement la même aujourd'hui que le 7 février ; si je me suis tenu en deçà plutôt qu'au delà des instructions de Votre Majesté dans les mesures répressives qu'elle attendait de moi ; si je suis parvenu à contenir les anarchistes par la seule crainte de mon nom et sans recourir à des sévérités excessives, quelles appréhensions ma présence au ministère peut-elle provoquer aujourd'hui ? Il règne une vague inquiétude, dit-on, et les affaires ne vont pas ; mais les affaires ne vont nulle part, et cela ne surprend personne dans les autres pays ; c'est la suite de la crise commerciale que l'on vient de traverser.

Quant à l'inquiétude dont on parle, il faudrait se demander d'abord si elle a une raison d'être, et, dans le cas où rien ne la justifierait, laisser le calme se faire de lui-même dans les esprits. D'ailleurs, si cette inquiétude existe, la cause n'en serait-elle pas tout autre part que dans la personnalité d'un ministre !

Je suis profondément convaincu que la France ne se plaint pas d'être trop doucement ni trop durement gouvernée, et que les alarmes, si elles sont réelles, viennent d'une crainte toute opposée, de la crainte de manquer de gouvernement, et d'être livrée à l'anarchie, le jour où une tentative criminelle, que Dieu veuille détourner ! viendrait atteindre Votre Majesté.

Écarter du ministère un homme dans le dévouement et la fermeté duquel les amis de l'ordre mettent leur confiance, est-ce le moyen de calmer cette inquiétude ? Ce ne peut l'être qu'à une condition, sire, c'est que vous le remplaciez par un homme plus ferme et plus dévoué que lui.

De deux choses l'une : ou Votre Majesté veut modifier son système, démentir ses antécédents, cesser, selon moi, de répondre aux vœux et aux besoins les plus impérieux du pays, et alors, je le reconnais, je ne suis ni ne puis être l'homme d'une pareille mission ; ou bien Votre Majesté veut, avec raison, persévérer dans les principes d'autorité vigilante qui sont et qui doivent rester la base même de son gouvernement, tout en relâchant, dans une juste mesure, ce qu'une situation exceptionnelle avait nécessairement un peu trop tendu, et, dans ce cas, les rênes ne peuvent être relâchées convenablement que par un homme que l'on sait capable de les resserrer au besoin d'une main vigoureuse.

Écarter cet homme, c'est jeter à l'inquiétude publique un nouvel aliment, c'est la justifier par une apparence de versatilité et de faiblesse, sans contenter le moins du monde ceux qui, au fond, visent au renversement des institutions impériales. Nous ne sommes plus à l'époque où un déplacement de majorité parlementaire provoquait une crise ministérielle. Les changements de personnes sont autrement interprétés aujourd'hui, et celui que Votre Majesté médite ne peut avoir, ce me semble, qu'une interprétation bien contraire à l'esprit de suite qu'on aime à voir dans son gouvernement.

J'ajoute que tout le bien qu'il reste à faire, toutes les réformes qui sont encore à opérer au département de l'intérieur, exigent que le ministre chargé de cette délicate mission ne vive pas au jour le jour. Il a besoin non seulement de votre pleine confiance, mais encore du temps et de la stabilité nécessaires pour vous servir utilement.

Notre conversation d'hier me faisant craindre que ma position ne puisse être à tout moment, et urtout en mon absence, mise à la merci de quelues propos malveillants, de quelques appréhenions sans réalité qui arrivent jusqu'à vous, je viens rier Votre Majesté de vouloir bien agréer ma déission.

Je viens de vous parler bien librement, sire. Je 'assure que Votre Majesté me le pardonnera; la incérité de mon langage est égale à l'étendue de on dévouement et au profond et affectueux resect avec lequel je suis, de Votre Maiesté le fidèle ujet.

Général Espinasse.

Rappelons ici que, sous le ministère Espinasse, l'*Indépendance belge* eut l'honneur d'être jugée digne d'une persécution spéciale ; sa distribution en France fut suspendue. Il est vrai de dire que son attitude envers le régime impérial n'avait jamais varié, et que son opposition avait été de tous les instants.

***

Les souteneurs de l'Empire suaient la peur.

C'est ce que démontre cette lettre de M. Rouher à l'empereur.

Cercey, 27 septembre 1867.

Sire,

On a pendant si longtemps entretenu les classes populaires de fausses croyances en économie politique, qu'il ne faut pas trop s'étonner que, après quatre années seulement, l'ignorance soit encore profonde sur les conditions d'oscillation des prix de la marchandise. Aussi bien le commerce de la boulangerie est placé sous un régime bâtard qui entretient, dans les rangs secondaires de l'administration et parmi les boulangers, des divergences ou

des incertitudes tout à fait nuisibles au développement de la libre concurrence.

Pendant que les uns s'efforcent de dégager le
gouvernement de toute responsabilité dans les
crises alimentaires, en invoquant les principes du
libre commerce, les autres cherchent à engager
cette responsabilité sous toutes les formes : par la
réglementation de la profession de boulanger, par
la taxe, par les approvisionnements de réserve, par
le système grandiose, mais décevant, de la compensation. Je ne veux pas nier que quelques-unes de
ces mesures aient eu une vérité relative alors que
le commerce international n'était pas fondé et que
même les communications de province à province
étaient imparfaitement établies; mais Votre Majesté
fait luire la vérité d'un mot, en constatant que la
liberté du commerce du pain existe partout dans le
monde.

Je me hâte d'ajouter, sire, qu'en constatant ces
anomalies dans le sein des administrations, je ne
fais aucune allusion à M. le préfet de la Seine, au
contraire. Dans l'entretien que j'ai eu avec lui sur
ce sujet, je l'ai trouvé parfaitement courtois et peu
disposé à rentrer sans nécessité impérieuse dans les
anciens errements administratifs. Je serais plutôt

enclin à croire que le préfet de police s'exagère un peu l'émotion populaire dans les faubourgs, et qu'il attache une trop grande importance à des assertions banales d'agents secondaires, d'autant plus que la concurrence des arrivages considérables constatés par la douane s'est déjà vulgarisée et que tout le monde s'attend à une certaine baisse.

Je ne veux pas conclure par ces observations à l'inutilité de la brochure dont Votre Majesté désire la publication. Au contraire, la propagation de a vérité me paraît toujours nécessaire et spécialement opportune dans les circonstances actuelles.

Dès hier j'ai fait appeler un ancien rédacteur de l'*Avenir commercial*, qui connaît à fond ces matières, et que je prierai de se livrer immédiatement à ce travail. Au besoin, je confierai une étude analogue à d'autres écrivains; j'ai dans ce but rendez-vous avec le préfet de police. Nous devons en même temps causer de cette question délicate de dissolution du Cercle du Louvre, dont parle le dernier rapport de police.

Mes conversations à Paris roulent sur le thème traité dans les correspondances adressées à Votre Majesté. Cette confiance de commande manifestée par les opposants, ces découragements trop faciles de la part de nos amis, ne sont pas choses nouvelles. Il semble même que ces crises aient quelque chose d'endémique et que leur périodicité soit marquée par l'arrière-saison. L'Empereur n'a pas perdu le souvenir de ces inquiétudes fatidiques, et cependant dénuées de tout fondement, qui se sont propagées à d'autres époques. Ces symptônes ne me semblent pas plus redoutables aujourd'hui qu'alors... Cependant, il est bon de chercher à s'en rendre compte et de trouver un remède au mal, s'il y en a. Les préoccupations publiques me paraissent se résumer dans deux points principaux : la prévision de la guerre, les excès quotidiens de la presse.

Sur le premier point, le débat se concentre dans cette unique question : Le gouvernement impérial consentira-t-il ou non à l'incorporation imminente des États du Sud dans la Confédération du Nord? Votre Majesté peut-elle dès aujourd'hui, pour ainsi dire *à priori*, donner à cette question une solution précise et énergique? La prudence et la réserve du langage ne nous sont-elles pas imposées? Mais les intérêts privés et les passions de la polémique ne tiennent aucun compte de ces nécessités gouvernementales et diplomatiques. On demande un oui ou un non bien absolu et bien carré, comme si un gouvernement pouvait proclamer la paix quand même, et quels que puissent être les événements ultérieurs, comme si une déclaration semblable, en excitant les rivalités, n'était pas plus propre à conduire à la guerre que toute autre attitude.

Quoi qu'il en soit, les appréhensions suivent une proportion géométrique et la stagnation des affaires, chaque jour plus accentuée, excite déjà les plaintes vives des centres industriels. Je suppose que votre Majesté, lassée de cette position équivoque, veuille faire une déclaration explicite. Que dira-t-elle? Réclamera-t-elle la ligne du Mein comme la limite contractuelle de la Confédération du Nord, et la violation de cette limite comme un *casus belli?* Il est de toute évidence qu'une pareille déclaration jetterait l'alarme dans tous les intérêts, et nous conduirait précipitamment, à travers des incidents diplomatiques très-rapides, à la guerre avec l'Allemagne. Or sommes-nous prêts?

L'empereur ferait-il, au contraire, connaître que l'union des États du Sud avec ceux du Nord est une question de nationalité à laquelle la France demeure indifférente et étrangère, mais que l'intégrité de l'empire d'Autriche et celle de la Hollande devront être respectées absolument par la Prusse?

Cette résignation officielle, véritable provocation à l'unité, apaiserait peut-être momentanément certains esprits ; mais n'aurait-elle pas d'autres inconvénients bien graves ? 1° Ne serait-elle pas contraire aux idées échangées à Salzbourg ? 2° Ne produirait-elle pas dans l'armée, dont nous avons besoin, le plus détestable effet ? 3° N'autoriserait-elle pas plus que jamais cette perfide, cruelle et incessante attaque dont tous les journaux opposants sont remplis: « La France est descendue au troisième rang ? »

Donc la nature des choses nous condamne à une politique d'expectative, consacrée à fortifier le courage des gouvernements des États du Sud, à nous organiser militairement, à préparer nos alliances, et destinée à prendre ultérieurement conseil de la situation générale de l'Europe, soit pour consolider la paix, soit pour engager un duel redoutable avec la Prusse, soit pour prendre résolûment autour de nous des compensations nécessaires.

Quant au second point, il est incontestable que le dévergondage de la presse jette un trouble profond dans les esprits et donne à nos amis un sentiment de grande insécurité pous l'avenir. Accoutumés aux traditions antérieures, ils réclament l'intervention de la main modératrice du gouvernement pour arrêter ces polémiques désordonnées qui irritent, déconsidèrent et affaiblissent toutes les choses et toutes les personnes du gouvernement. Ils ne l'aperçoivent pas et s'écrient : « On ne sent plus la main du gouvernement : il n'y a plus ni unité ni énergie dans l'administration. »

Eh bien, il faut le constater avec netteté une fois pour toutes : c'est là un véritable anachronisme. L'inauguration de la liberté de la presse a constitué une véritable révolution dans notre régime politique. Le gouvernement et les pouvoirs publics sont appelés désormais à vivre dans une atmosphère nouvelle. Le pays est assujetti à une grande épreuve, dont il est, quant à présent, bien difficile de préjuger l'issue. Toutes les questions importantes ou minimes sont portées sur la place publique et présentées à la foule sous un verre grossissant. Chaque montreur de lunettes a son public, et les journaux du gouvernement, qui n'emploient que des conserves, ont très-peu de clientèle. Le pays éclairé s'affranchira-t-il des excitations énergiques de la presse, et ce quatrième pouvoir perdra-t-il son autorité malfaisante pour ne conserver que son rôle de contrôleur vigilant et utile? Là est le problème dont l'empereur a voulu poursuivre la solution par les réformes du 19 janvier.

Mais ces réformes n'ont pas encore reçu leur consécration définitive ; beaucoup de personnes, en l'avouant, ou sans le confesser, conviennent des inévitables périls de l'expérience, veulent s'arrêter, et demandent, sous des formes diverses, à l'empereur de revenir sur son programme.

Hier encore, un ami dévoué du gouvernement me disait : « Le pays ne veut ni de la liberté de la » presse, ni du droit de réunion ; il redoute avec » raison ces ferments révolutionnaires. Le moyen » pour l'empereur de se débarrasser sans une trop » grande compromission d'un programme dont les » mois qui viennent de s'écouler ont démontré les » vices, est très-simple : il faut retirer la loi sur » l'armée, publier un rapport financier annonçant » un dégrèvement d'impôt, et dissoudre la Cham- » bre. En réélisant les mêmes députés, les colléges » auront condamné les réformes ; ainsi la respon- » sabilité appartiendra au pays, qui après tout est » le juge souverain. »

Cette politique a sa précision, et au moins une virilité du moment, sinon une virilité de longue haleine. Je la comprends, si je ne la conseille pas, et j'ai dit quelques-uns de mes motifs dans la note sur les élections. La détermination que prendra Votre Majesté sur la date de la dissolution du Corps législatif en contient implicitement l'adoption ou le rejet.

Mais autant il serait difficile de ne pas louvoyer actuellement dans les affaires extérieures, autant il serait nécessaire d'avoir devant le suffrage universel une allure déterminée. Il faudrait lui dire carrément : « Le journalisme et les passions enne-» mies tournent violemment toute liberté nouvelle » contre la stabilité des institutions; le pays est » loyalement consulté sur la convenance de l'ajour-» nement des réformes proposées le 19 janvier. » A ce point de vue, je demande à Votre Majesté la permission de lui soumettre une objection respectueuse à l'égard des indications transmises par ordre de l'empereur à M. de Saint-Paul, et destinées à servir de thème à quelques articles de journaux.

Une polémique dans ce sens, si voilée qu'elle fût, fournirait bien vite l'occasion ou le prétexte à tous les journaux de crier à la réaction et même à la trahison. Il me paraît tout à fait inutile de donner un pareil prétexte aux agressions. La résolution d'un retour n'est pas de celles qu'on puisse utilement pressentir en la versant dans la polémique des journaux. Il faudrait carrément la poser devant le pays, lui demander sa décision, et du même coup reprendre les armes disciplinaires conférées à l'administration par le décret de 1852.

En dehors de cette ligne de conduite, toute indécision, tout tâtonnement ne feraient qu'augmenter le trouble des esprits et l'ardeur des attaques. Je croirais donc, jusqu'à nouvel ordre, plus sage de ne pas faire les publications indiquées par Votre Majesté.

J'ai répondu par le télégraphe à la bienveillante invitation de Votre Majesté; je lui en témoigne de nouveau mes remercîments.

Daignez, Sire, agréer l'assurance de mon profond respect et de mon entier dévouement.

E. ROUHER.

Sauvons la dynastie!

Paris, 26 septembre 1861.

Monsieur le préfet,

Par une circulaire en date du 6 juin 1859, mon prédécesseur, M. le duc de Padoue, vous a prescrit les mesures que vous auriez à prendre dans le cas où un événement grave et imprévu amènerait la transmission du pouvoir au prince impérial sous le nom de Napoléon IV.

En vous confirmant ces instructions dont je vous envoie une copie, je crois devoir les compléter par les dispositions suivantes :

Aussitôt après la réception de cette lettre, vous établirez une liste de tous les hommes dangereux, quelles que soient leurs opinions et leur position sociale.

Après avoir étudié avec soin cette liste, vous y désignerez les hommes qui, ayant une valeur quelconque, soit pour la délibération, soit pour l'action, pourraient, à un moment donné, se faire le centre d'une résistance, ou se mettre à la tête d'une insurrection.

Vous formulerez personnellement, et vous signerez des mandats d'arrêt pour chacun des hommes annotés par vous sur votre liste, afin que, au premier ordre qui vous serait donné, leur arrestation soit opérée simultanément et sans perdre une minute.

Vous me donnerez communication de la liste dressée par vous.

Tous les mois, vous réviserez cette liste ainsi que les mandats d'arrêt qui s'y rapportent.

Recevez, monsieur le préfet, l'assurance de ma considération très-distinguée.

Le ministre secrétaire d'Etat au
département de l'intérieur,

F. DE PERSIGNY.

Note annexée à cette circulaire.

1° Les listes comprendront tous les hommes dangereux, républicains, orléanistes, légitimistes — par catégories d'opinions.

2° Elles seront tenus exactement à jour, au fur et à mesure que quelque fait nouveau parviendrait à la connaissance du préfet. Les personnes inscrites sur ces listes devront, du reste, être l'objet d'une certaine surveillance.

3° Les formules de mandat seront imprimées à Paris et remises à MM. les préfets qui n'auront qu'à les remplir de leur main et à les signer.

4° Les préfets conserveront ces mandats par-devers eux, en les divisant par circonscriptions de commissaires de police.

5° Les préfets, dans leurs réunions, détermineront le mode qui sera employé pour faire opérer, sans perte de temps, les arrestations dans les divers arrondissements.

6° Prévoir, pour chaque département, les lieux où seraient transférées les personnes arrêtées.

7° Conduite à tenir vis-à-vis de l'autorité militaire : bons rapports à établir de suite et toujours.

8° Bien connaître les fonctionnaires dont on est entouré, afin de préjuger de leur attitude dans le cas d'un événement grave.

9° Manière de se concerter avec les hauts fonctionnaires avant de révéler au public l'événement dont il est question.

10° Enfin, délibérer sur les mesures à prendre à l'égard des imprimeries et journaux, et la manière de convoquer les fonctionnaires pour leur faire prêter serment à l'héritier du trône.

11° Chaque préfet qui s'absente doit, avant son départ, donner à l'homme revêtu de sa confiance et qui devrait le remplacer, l'ensemble des instructions sous pli cacheté, avec autorisation de les ouvrir, et ordre de les faire exécuter dans le cas prévu par ma circulaire de ce jour.

Voici le texte de ces mandats :

Nous, préfet d

En vertu de l'article 10 du code d'instruction criminelle ;

Mandons et ordonnons à tous agents de la force force publique d'amener à la préfecture d

en se conformant à la loi, l   n°   pour être entendu   sur les inculpations dont   est l'objet ;

Requérons le commissaire de police d
ou autres, en cas d'empêchement, de faire exacte perquisition chez l   à l'effet d'y rechercher et saisir tous papiers, écrits, imprimés, correspondance, d'une nature suspecte, armes, munitions de guerre, et généralement tous les objets

susceptibles d'examen; lesquels seront saisis et déposés à la préfecture d

avec le procès-verbal qu'il en aura dressé et le présent mandat;

Requérons tous dépositaires de la force publique de prêter main-forte à son exécution.

Fait à   , en notre hôtel, le

Le préfet d

Note B, annexée à la même circulaire.

CONFIDENCES A FAIRE AU MINISTRE.

1° Sur le refus de concours de la part des fonctionnaires dans les élections ; sur les opinions et sur l'attitude de ces fonctionnaires, procureurs généraux, recteurs, receveurs généraux, ingénieurs des ponts et chaussées;

2° Sur les concessions faites aux influences hostiles dans les nominations des fonctionnaires des diverses administrations;

3° Sur les nominations à Paris dans les diverses administrations;

4° Le ministre recevra ces confidences des préfets, sous la forme d'une simple note, sans indication d'origine et sans signature, précaution pour éviter que la responsabilité des préfets soit compromise.

Ceci est notre testament !

Malsain de corps et d'esprit et prévoyant un avenir désagréable, nous avons décidé ce qui suit :

Lettres patentes.

Voulant user du droit qui nous est conféré par le sénatus-consulte du 17 juillet 1856 concernant la régence de l'empire, nous nommons par ces présentes les membres du Conseil de régence :

1° Pour le cas où l'impératrice serait appelée à la régence ;

2° Pour le cas où, à défaut de l'impératrice, la régence serait dévolue au prince Napoléon (Jérôme). Dans le premier cas, le Conseil de régence sera composé de huit membres, et nous nommons pour en faire partie :

1° S. A. I. le prince Napoléon; 2° M. Rouher, président du Sénat ; 3° le premier président de la Cour de cassation qui sera en fonctions au moment de la régence ; 4° le ministre de la guerre en fonctions à cette époque ; 5° l'amiral Rigault de Genouilly ; 6° le duc de Persigny ; 7° l'archevêque de Paris ; 8° le marquis de la Valette.

Dans le second cas, celui où le prince Napoléon Jérôme serait régent, le Conseil de régence sera composé de dix hommes, et nous nommons pour en faire partie :

1° M. Rouher, président du Sénat ; 2° le premier président de la Cour de cassation en exercice ; 3° le duc de Persigny ; 4° l'archevêque de Paris ; 5° le marquis de la Valette ; 6° le ministre de la guerre en fonctions à cette époque ; 7° l'amiral Rigault de Genouilly ; 8° M. Jérôme David ; 9° M. Laity ; 10° M. le commandant de Paris en exercice.

Les membres du Conseil privé qui existe aujourd'hui, et dont les noms sont omis dans le présent acte, ne font pas partie du Conseil de régence.

A défaut de la régence de l'impératrice, la garde du prince impérial, *ou pour mieux dire de l'empereur mineur*, est confiée au général Frossard.

Fait au palais de Saint-Cloud, le 1er octobre 186 .

NAPOLÉON.

Sauf les trois premières lignes, cette pièce est tout entière de la main du signataire.

Je t'en prie, Louis, songe à notre enfant !

Ce qui suit est moins sérieux. Ce sont des lettres adressées d'Égypte à l'ex-empereur par l'ex-impératrice, lors du voyage qu'y fit celle-ci en 1869. On y voit pourtant qu'elle ne s'occupait pas exclusivement de sa toilette, qu'elle suivait les affaires, et qu'à l'occasion elle donnait son avis. On y sent en outre poindre des craintes pour l'avenir. Le pressentiment était fondé.

Sur le Nil, à bord de l'*Impératrice*, octobre 1869.

Mon bien cher Louis,

Je t'écris en route sur (*illisible*) sur le Nil. Te dire que nous avons froid ne serait absolument pas la vérité, mais la chaleur est fort supportable, car il y a de l'air, mais au soleil c'est autre chose ! D'ailleurs par télégraphe je te dis l'état de l'atmosphère. J'ai de tes nouvelles et celles de Louis tous les jours par télégraphe, c'est merveilleux et bien doux pour moi, puisque je suis toujours tenue à la rive par ce fil qui me rattache à toutes mes affections.

Je suis dans le ravissement de notre charmant voyage, et je voudrais t'en faire la description, mais tant d'autres plus savants et plus charmants conteurs que moi ont entrepris cette œuvre qu'il me semble que dans l'admiration muette je dois m'enfermer.

J'étais bien tourmentée de la journée d'hier et de te savoir à Paris sans moi, mais tout s'est bien passé à ce que je vois par la dépêche. Quand on voit les autres peuples, on juge et apprécie bien plus l'injustice du nôtre. Je pense, *malgré tout*, qu'il faut ne pas se décourager et marcher dans la voie que tu as inauguré (*sic*), la bonne foi dans les concessions données, comme du reste on le pense et dis (*sic*), est une bonne chose ; j'espère donc que ton discours sera dans ce sens, plus on aura besoin de force plus tard, et plus il sera nécessaire de prou-

ver au pays qu'on a (*sic*) *des idées* et non *des expé-
dients*. — Je suis bien loin et bien ignorante des
choses depuis mon départ pour parler ainsi, mais je
suis intimement convaincue que la suite dans les
idées c'est la véritable force, je n'aime pas les
acoups (*sic*), et je suis persuadée qu'on ne fait pas
deux fois dans le même règne des coups d'État ; je
parle à tort et à travers, car je prêche un converti
qui en sait plus long que moi. Mais il faut bien dire
quelques choses, ne fût-ce (*sic*) que pour prouver
ce que tu sais, que mon cœur est près de vous
deux, et si dans les jours de calme mon esprit
vagabond aime à se promener dans les espaces,
c'est près de vous deux que j'aime à être les jours
de soucis et d'inquiétude.

Loin des hommes et des choses on respire un
calme qui fait du bien et, par un effort d'imagination, je me figure que tout va bien puisque je ne
sais rien. Amuse-toi, je crois indispensable la dis-
traction, il faut se refaire un moral comme on se
refait une constitution affaiblie, et une idée con-
stante finie (*sic*) par user le cerveau le mieux organisé. J'en ai fait l'expérience, et de tout ce qui dans
ma vie a terni les belles couleurs de mes illusions
je ne veux plus en entretenir le souvenir, ma vie

est finie, mais je revis dans mon fils, et je crois que ce sont les vraies joies, celles qui traverseront son cœur pour venir au mien.

En attendant, je joui *(sic)* de mon voyage, des couches *(sic)* du soleil, de cette nature sauvage cultivée sur les rives dans une largeur de 50 mètres *(sic)*, et, derrière le désert avec ses dunes et le tout éclairé par un soleil ardent.

Au revoir et crois à l'amitié de ta dévouée,

EUGÉNIE.

YACHT IMPÉRIAL L'*Aigle*.

Le Caire, le 23 octobre 1869.

Mon très-cher ami,

Merci de ta bonne lettre; je suis heureuse, tu le sais, quand tu approuves ce que je fais, et tu peux être sûr que tous mes efforts sont toujours portés à te faire le plus grand nombre d'amis possible.

L'idée du roi m'a bien amusée, car *il a été d'un galant à te faire dresser les cheveux.* Je ne sais si la présence d'un tiers le gêne pour me faire des confidences politiques, mais, dans tous les cas, pas les autres !... Enfin j'ai fait de mon mieux pour lui plaire, et je te ferai bien rire en rentrant et en te racontant mon entrevue.

Ce que tu me dis sur ta santé m'ennuie, mais ne m'effraie pas, parce que je sais que c'est long à revenir à la santé. Soigne-toi, je t'en prie, songe combien non seulement ta vie, mais ta santé est utile à tous, et à notre enfant surtout.

Je me préoccupe beaucoup de la tournure de l'esprit public chez nous ; Dieu veuille que tout se passe tranquillement et sagemnet, sans folie d'un côté et sans à-coup de l'autre, et que l'ordre sera maintenu sans user de la force ; car le lendemain de la *victoire* est souvent difficile, plus difficile que la veille.

Mais de loin je suis mauvais juge des événements.

Tu devrais parler à l'amiral du commandant de Surville ; celui-ci ne m'a pas parlé, mais les officiers de son bord en ont parlé à ces messieurs. Il paraît que dernièrement M. Jauréguiberry aurait passé contre-amiral ; étant moins ancien que le commandant de Surville, ceci lui aurait fait beaucoup de peine. Mais, je te le répète, il ne m'en a pas soufflé mot. Comme le ministre est ombrageux, tu ferais bien de prendre des ménagements avec lui. Je ne puis te donner mes impressions de voyage. J'ai trouvé chez tous et partout, le désir bien vif de nous être agréable et de tout faire pour cela. Le Caire a conservé son ancien cachet, pour moi moins nouveau que pour ces dames, car cela me rappelle l'Espagne.

Les dames, la musique et la cuisine sont identiques. Nous allons ce soir à un mariage, qui doit avoir lieu chez la mère du Kédive ; hier soir nous avons assisté aux prières des derviches, tourneurs et hurleurs ; c'est inconcevable qu'on puisse se mettre dans un pareil état ; cela m'a causé une grande impression.

Les danses dans le harem sont celles des bohémiennes d'Espagne, plus *indécentes* peut-être ! Aujourd'hui je suis restée tranquille pour me reposer, car je suis très-fatiguée, mais très-intéressée par tout ce que je vois. On ne dirait jamais que nous avons en si peu de temps fait tant de chemin et visité tant de pays divers. Je fais collection de souvenirs et je te raconterai cela au coin du feu.

L'idée de Louis m'a bien amusée, si je suis curieuse de savoir *s'il fera sa liste* et ce qu'il en fera, le général ??? Dans sa lettre, il me dit que tu vas chasser à courre ; mais je suppose qu'il prend son désir pour une réalité.

Donne-moi des nouvelles de MM. de Montebello et la Moskowa, et crois à la tendre affection que j'ai pour toi.

Ta toute dévouée,
Eugénie.

Appréciation de M. Bonaparte sur l'Espagne.

NOTE DE L'EX-EMPEREUR SUR LES AFFAIRES D'ESPAGNE.

(Autographe.)

La révolution de l'Espagne s'est faite au cri de : « A bas les Bourbons ! » et cependant il y a un parti à Madrid qui, ayant reçu de fortes sommes du duc de Montpensier, travaille à le faire arriver au trône. Nous avons un profond respect pour les décisions de la volonté nationale, et si le duc de Montpensier est régulièrement élu par la nation espagnole, nous n'aurons rien à dire. Mais avant que cet événement se produise, si toutefois il doit avoir lieu, nous tenons à dire notre opinion. Si la nation espagnole ne veut plus de Bourbons, tant mieux! mais si elle revient sur sa première impression, il me semble qu'elle ne pourrait pas faire un plus mauvais choix que d'élever sur le trône un d'Orléans, répétant en Espagne l'usurpation de 1830, et donnant à l'Europe le funeste exemple d'une sœur détrônant sa sœur.

D'ailleurs, la situation de l'Espagne, dans ce moment, ne nous semble pas faite pour admettre le choix d'un prince ayant déjà des antécédents accentués et des opinions faites. Si l'Espagne pouvait supporter l'État républicain sans courir le risque de voir son unité nationale compromise par la reconstitution de royaumes indépendants, c'est ce qu'elle aurait de mieux à faire, car cela donnerait le temps à la nation de faire son éducation politique et d'apprendre à se connaître elle-même; mais puisque la république n'est pas possible, tout ce qui en approche le plus nous semble ce qu'il y aurait de plus profitable.

Or le hasard a voulu qu'il y eût un jeune prince, le prince des Asturies, sur la tête duquel reposent tous les droits monarchiques. Il est d'un âge où ses opinions personnelles ne peuvent pas compter, et peut être élevé dans les opinions du jour, loin des flatteurs et des intrigues. Son âge permet une régence, qui serait probablement exercée par les hommes qui ont donné le plus de gages à la révolution. Et ce régime ressemblerait fort, pendant sept ou huit ans, à une république où les agents pourraient être changés par le vote des Cortès, et le prince des Asturies ne serait que l'enfant chargé d'occuper un poste auquel aucun ambitieux ne peut prétendre.

II

GUERRE, ARMÉE, QUESTIONS MILITAIRES.

C'étaient de fameux hommes de guerre.

REVUE TÉLÉGRAPHIQUE.

Strasbourg, 17 juillet.

Le préfet du Bas-Rhin aux ministres de l'intérieur et de la guerre, à Paris.

N'est-il pas opportun d'organiser et armer, à Strasbourg et dans les principaux centres, une garde nationale solide et d'expulser les ouvriers étrangers suspects?

---

*Général de Failly, commandant cinquième corps,
à guerre. — Paris.*

Bitche, le 18 juillet 1870.

Suis à Bitche avec 17 bataillons infanterie. Envoyez-nous argent pour faire vivre troupes. Les billets n'ont point cours. Point d'argent dans les caisses publiques des environs. Point d'argent dans les caisses des corps.

De Failly.

---

*Le maréchal Bazaine au ministre de la guerre,
à Paris.*

Metz, 20 juillet.

Je reçois à l'instant les renseignements suivants : Les Prussiens chercheraient une affaire décisive dans les environs de Mayence, par une grande accumulation de forces entre cette ville et Coblentz. Ces troupes vivent difficilement et craignent que cela n'augmente.

L'opinion en Prusse craint une longue guerre qui ruinerait et désorganiserait le pays en deux ou trois mois.

Les Prussiens mettent les gens estropiés dans les bureaux et font marcher tout ce qui est valide de 18 à 36 ans.

Le sucre et le café sont devenus rares à Metz : il serait important que le commerce de Paris pût en envoyer de suite.

Bazaine.

Général Ducrot à Guerre. — Paris.

Strasbourg, 20 juillet 1870, 8 h. 30 m. soir.

Demain il y aura à peine 50 hommes pour garder la place de Neuf-Brisach; et Fort-Mortier, Schelestadt, la Petite-Pierre et Lichtenberg sont également dégarnis. C'est la conséquence des ordres que nous exécutons. Il serait facile de trouver des ressources dans la garde nationale mobile et dans la garde nationale sédentaire, mais je ne me crois pas autorisé à rien faire, puisque Votre Excellence ne m'a donné aucun pouvoir. Il paraît positif que les Prussiens sont déjà maîtres de tous les défilés de la Forêt-Noire.

Général Michel à guerre. — Paris.

Belfort, le 21 juillet 1870, 7 h. 30 m. matin.

Suis arrivé à Belfort; pas trouvé ma brigade; pas trouvé général de division. Que dois-je faire? Sais pas où sont mes régiments.

Guerre à général De Failly. — Bitche.

Paris, le 21 juillet 1870, 4 h. 50 m. soir.

Argent est à Strasbourg et une voie ferrée vous réunit à cette place. Pas de revolvers dans les arsenaux; on a donné 60 francs aux officiers pour en faire venir par le commerce. Il faut attendre l'empereur et vous prêter aux circonstances.

Général commandant 2ᵉ corps guerre. — Paris.

Saint-Avold, le 21 juillet 1870, 8 h. 55 m. matin.

Le dépôt envoie énormes paquets de cartes inutiles pour le moment; n'avons pas une carte de la frontière de France; serait préférable d'envoyer en plus grand nombre ce qui serait utile et dont nous manquons complétement.

Le sous-préfet aux ministres de la guerre, des affaires étrangères et de l'intérieur , à Paris, et préfet à Strasbourg.

Wissembourg, 21 juillet.

Quelle mesure convient-il d'adopter à l'égard des Badois et Bavarois qui circulent en ce moment sous divers prétextes dans l'arrondissement et particulièrement le long du Rhin?

Le préfet de la Haute-Marne au ministre de l'intérieur, à Paris.

Chaumont, 21 juillet.

Un réfugié hanovrien en résidence dans la Haute-Marne demande un passeport avec secours de route pour se rendre à Paris, afin d'entrer dans la légion hanovrienne. Puis-je lui délivrer ce passeport? Il est probable que plusieurs Hanovriens feront la même demande.

Le major général de l'armée à l'empereur, à Paris.

Metz, 26 juillet.

Je reçois du général Frossard le renseignement suivant : Soixante mille hommes au moins seraient dirigés de Cologne et d'Aix sur Trèves et le pays derrière la Sarre. Ils y arriveront aujourd'hui 26 juillet. Les Prussiens très en ordre ; les Bavarois ne seraient pas armés sans doute des nouveaux fusils. Le pays est animé. (*Suivent des chiffres.*)

Major général à guerre. — Paris.

Metz, le 27 juillet 1870, 2 h. 12 m. soir.

Les détachements qui rejoignent l'armée continuent à arriver sans cartouches et sans campement.

Général de Labastide à général Douay. — Paris.
Quai de Billy, 80.

Belfort, le 27 juillet 1870, 3 h. 57 m. matin.

Le général de Labastide renvoie au général Douay la dépêche suivante :

« Le major général à général Douay, comman-
» dant 7e corps. — Belfort.

» Où en êtes-vous de votre formation ? Où sont
» vos divisions ? L'empereur vous commande de
» hâter cette formation pour rejoindre le plus vite
» possible Mac-Mahon dans le Bas-Rhin. »

Général d'artillerie à guerre. — Paris.

Douai, 28 juillet 1870, 8 h. 5 m. soir.

Le colonel du 1er train m'informe d'un fait grave : sur 800 colliers restant à la direction de Saint-Omer, 500 destinés autrefois à l'artillerie se trouvent trop étroits. Que faut-il faire pour parer à cette éventualité?

Il y a en magasin, à Douai, 1,700 colliers, dont un tiers se trouvent dans le même cas. Le directeur d'artillerie va s'enquérir immédiatement des ressources que peut lui offrir l'industrie privée pour élargir ces colliers.

Maréchal Canrobert à guerre. — Paris.

Camp de Châlons, 4 août 1870, 8 h. 15 m. matin.

Dans les vingt batteries du 6e corps d'armée, il n'y a en ce moment qu'un seul vétérinaire. Prière de combler cette lacune.

---

*Guerre à général Pitrecé, directeur des parcs de
l'armée du Rhin. — Toul.*

Paris, le 4 août 1870, 10 h. 5 m. matin.

Suspendez, jusqu'à nouvel ordre, tout travail
d'appropriation des casemates de Toul, et ne faites
aucune dépense à ce sujet.

Au ministre de la guerre par intérim. — Paris.

Metz, le 4 août 1870, 4 h. 35 m. du soir.

Il est de toute nécessité que le maréchal Canrobert vienne à Nancy avec ses trois divisions ; mais
que faire de la garde nationale mobile ?

NAPOLÉON.

Au maréchal Canrobert. — Camp de Châlons.

Metz, le 5 août 1870, 8 h. 35 m. matin.

Faites venir l'infanterie de vos trois divisions par
le chemin de fer directement à Nancy.

L'artillerie et la cavalerie suivront par étapes.

NAPOLÉON.

Général Soleille à guerre. — Paris.

Metz, le 7 août 1870, 7 h. 40 m. matin.

Les corps de cavalerie me demandent que les moyens d'enclouage des pièces indiquées par une instruction qui leur a été communiquée, soient mis à leur disposition ; n'ayant connaissance d'aucun précédent, j'ai l'honneur de demander vos ordres à ce sujet.

Préfet à intérieur. — Paris.

Strasbourg, 7 août 1870, 10 h. 15 m. matin.

La panique qui s'est produite hier soir à Strasbourg, par suite des mauvaises nouvelles venues de Haguenau et de l'arrivée de soldats traînards, fuyards et généralement peu blessés, cette panique a cessé. La population demande des armes, j'ai promis d'organiser, d'armer aujourd'hui 4 ou 500 hommes de garde nationale. Nous n'avons presque pas de troupes, 1,500 à 2,000 hommes ; si l'ennemi tente un coup de main sur la ville, nous nous défendrons jusqu'au bout.

Préfet à intérieur. — Paris.

Lons-le-Saulnier, le 8 août 1870, 10 h. 35 m. matin..

Des corps de volontaires francs-tireurs ou gardes nationaux veulent se former. Partout on réclame des armes. L'émotion est ardente. Notre frontière est découverte; les Boussac sans garnison. Les bruits d'arrivée des Badois campés à Larnach se propagent.

———————

Préfet à intérieur.— Paris.

Perpignan, le 8 août 1870, 2 h. 15 m. soir.

Presque toutes les villes et positions frontières du département sont dépourvues de garnison. Cette situation crée des inquiétudes, et les populations murmurent de ce qu'on n'organise pas la garde nationale mobile. Il me paraît utile de rassurer promptement le pays, et je vous serais reconnaissant d'insister dans ce but auprès de votre collègue de la guerre. Il y a réellement urgence à sortir d'une situation fausse.

———————

Guerre à major général armée du Rhin. — Metz.

Paris, le 8 août 1870, 6 h. 45 m. soir.

Le commandant de la place de Thionville me fait connaître qu'il vient de déclarer la ville en état de siége ; il demande des renforts ; la garnison, qui devrait être de 4,000 à 5,000 hommes, n'en a que 1,000, dont 600 mobiles, 90 douaniers et 300 cavaliers ou artilleurs non instruits.

Major général à guerre. — Paris.

Metz, le 9 août 1870, 11 h. 20 m. matin.

Je reçois votre dépêche du 8. Considérez comme non avenue ma demande de bataillons de marche. J'approuve trop les mesures énergiques que vous prenez pour les contrarier.

L'empereur rentre à l'instant des avant-postes. Le maréchal Bazaine est, par décret impérial, nommé commandant en chef de toutes les forces réunies en avant de Metz. Le général Decaen prend le commandement du 3ᵉ corps.

Le major général au ministre de la guerre. — Paris.

Metz, le 10 août 1870, 2 h. 15 m. soir.

L'Empereur ordonne de continuer sans interruption et sans aucune perte de temps le mouvement de toutes les divisions du camp de Châlons sur Metz ; que la Compagnie de l'Est fasse tous ses efforts pour hâter le mouvement par tous les moyens possibles.

Je préviens le maréchal Canrobert ; entendez-vous avec la Compagnie.

———

Général commandant 8ᵉ division à guerre. — Paris.

Lyon, le 10 août 1870.

La population ne s'explique pas la surabondance de troupes en ce moment à Lyon. Le commandant du 7ᵉ corps désire ma présence, et je demande à le rejoindre avec la 3ᵉ division, que je commande.

———

Major général à intérieur. — Paris.

Metz, le 10 août 1870.

L'empereur est allé visiter les cantonnements de l'armée. Depuis quarante-huit heures, les approvisionnements affluent sur les points de concentration. Le matériel d'artillerie augmente chaque jour. Les soldats sont reposés et attendent le signal de l'action. Nous continuons à n'avoir aucun détail officiel sur les affaires du 6.

Colonel 1er train d'artillerie à guerre, 4e direction artillerie (personnel.) — Paris.

Saint-Omer, le 11 août 1870.

Il a bien été envoyé à l'arsenal de Saint-Omer 1,200 harnais à bricole, mais on a omis le complément de ce harnachement, qui se compose de 600 selles et accessoires, 600 brides de sous-verge, sans lesquelles les compagnies ne peuvent être pourvues. Les formations se trouvent ainsi arrêtées dès aujourd'hui.

Major général à général de Failly, commandant le cinquième corps. — Mirecourt.

Metz, le 12 août 1870, 5 h. 55 m. soir.

Vous avez reçu ce matin l'ordre de vous diriger sur Toul. L'empereur annule cet ordre et vous prescrit de vous diriger sur Paris, en suivant la route qui vous paraîtra la plus convenable. Accusez réception.

Debains à intérieur. — Paris.

Metz, le 15 août 1870, 2 h. 42 m. soir.

Les renforts attendus sont arrivés. Le maréchal Bazaine, après avoir pris les ordres de l'empereur, a conféré avec les chefs de service. Les volontaires affluent. Les communications avec Frouard sont momentanément interrompues.

Général de Failly à guerre. — Paris.

La Marche, le 14 août 1870.

Par ordre de l'empereur, mon corps d'armée marche sur Chaumont, où il arrivera le 16 août. Je désirerais que Votre Excellence fît diriger sur Chaumont des souliers, des chemises et des tentes-abris, un grand nombre d'hommes de la réserve étant arrivés sans tentes. Mon quartier-général est aujourd'hui à La Marche, demain il sera à Montigny, après-demain il sera à Chaumont.

L'empereur au général de Montauban, ministre de la guerre. — Paris.

Quartier impérial, le 17 août 1870, 9 h. 40 m. matin.

Je vous envoie par le commandant Duperré le résultat d'un conseil de guerre qui vous mettra au courant des mesures que j'ai arrêtées.

Guerre à S. M. l'empereur. — Camp de Châlons.

Paris, 17 août 1870, 10 h. 27 m. soir.

L'impératrice me communique la lettre par laquelle l'empereur annonce qu'il veut ramener l'armée de Châlons sur Paris. Je supplie l'empereur de renoncer à cette idée, qui paraîtrait l'abandon de l'armée de Metz, qui ne peut faire en ce moment sa jonction à Verdun. L'armée de Châlons sera avant trois jours de 85,000 hommes, sans compter le corps de Douay, qui rejoindra dans trois jours et qui est de 18,000 hommes. Ne peut-on pas faire une puissante diversion sur les corps prussiens, déjà épuisés par plusieurs combats?

L'impératrice partage mon opinion.

Je prie l'empereur d'agréer mes respectueux hommages.

Ministère de la guerre. — Paris.

Camp, 18 août 1870, 9 h. 4 m. matin.

Je me rends à votre opinion. Ne retardez pas le mouvement de la cavalerie.

Bazaine demande avec instance des munitions.

Je vous envoie par Béville les dépêches du maréchal, qui ne contiennent rien de nouveau.

Le régiment des cuirassiers blancs de M. de Bismark a été totalement détruit.

NAPOLÉON.

———

Au ministre de la guerre. — Paris.

Camp Châlons, le 18 août, 2 h. 15 m. soir.

Il faudrait faire retirer vers l'intérieur les dépôts des corps qui pourraient tomber aux mains de l'ennemi. Je voudrais bien ne pas recevoir les marabouts. Le maréchal Bazaine a aussi besoin de munitions pour les canons et les mitrailleuses.

NAPOLÉON.

———

Empereur à guerre. — Paris.

Camp, le 18 août 1870, 10 h. 55 m. matin.

Ne pourrait-on pas, d'après la nouvelle loi, incorporer dans chaque bataillon de ligne 100 hommes de la garde nationale mobile?

Ce serait la meilleure manière de les utiliser.

NAPOLÉON.

Maréchal Mac-Mahon à guerre. — Paris.

Quartier-général, 19 août 1870.

Veuillez dire au conseil des ministres qu'il peut compter sur moi et que je ferai tout pour rejoindre Bazaine.

Maréchal Mac-Mahon à maréchal Bazaine. — Metz.

Camp Châlons, 19 août 1870, 5 h. 55 m. soir.

Si comme je le crois, vous êtes forcé de battre en retraite très-prochainement, je ne sais, à la distance où je me trouve, comment vous venir en aide sans découvrir Paris.

Si vous en jugez autrement, faites-le-moi connaître.

Guerre à maréchal Mac-Mahon. — Camp de Châlons.

19 août 1870.

J'apprends de source certaine que les corps ne se gardent pas, qu'il n'y a pas de reconnaissance sérieusement organisée jusqu'ici. Je fais exception pour la division de cavalerie du général Fénelon, qui nous a fourni des renseignements utiles. J'ai su que le corps de Failly, à Chaumont et à Brennes, n'était ni éclairé ni gardé ; cette absence de vigilance permet à des partis isolés et sans importance de couper les chemins de fer. Cette opération a été exécutée déjà avec hardiesse et bonheur dans plusieurs endroits par quelques cavaliers qu'il eût été facile de chasser à coups de fusil, si l'on s'était gardé. Veuillez donner des ordres pour que l'on redouble de vigilance en ce moment. Vous avez sans doute eu connaissance d'un corps prussien peu considérable, 1,000 à 1,200 hommes environ et 200 voitures, qui paraissait séparé du reste de l'armée et semblait se diriger de Saint-Michel vers Montmédy.

Mac-Mahon à guerre.

Camp Châlons, 20 août 1870, 4 h. 45 m. soir.

Je partirai demain pour Reims. Si Bazaine perce par le nord, je serai plus à même de lui venir en aide ; s'il perce par le sud, ce sera à une telle distance que je ne pourrai dans aucun cas lui être utile. Je laisse ici une division de cavalerie pour permettre d'enlever tout ce qui est possible. Donnez des ordres pour que la ligne de communication soit établie par Soissons ou par Epernay.

Maréchal Mac-Mahon à guerre. — Paris.

Camp Châlons, le 21 août, 8 h. 7 m. matin.

Afin de combler les vides qui se sont produits à la bataille de Frœschwiller, l'empereur a fait hier des nominations pour remplir toutes les vacances d'officiers supérieurs et la moitié de celles des officiers subalternes. J'adresserai ce soir à Votre Excellence un état général des tués, blessés et disparus, la liste des nominations faites et les propositions pour celles qui restent à faire encore.

Maréchal Mac-Mahon à guerre. — Paris.

Reims, 22 août 1870, 10 h. 45 m. matin.

Le maréchal Bazaine a écrit le 19 qu'il comptait toujours opérer son mouvement de retraite par Montmédy.

Par suite, je vais prendre mes dispositions pour me porter sur l'Aisne.

Prévenez le conseil des ministres et accusez-moi réception de cette dépêche.

Les inspecteurs délégués de l'état-major au colonel d'état-major Stoffel, attaché près de Son Exc. le maréchal Mac-Mahon, à Reims.

Longwy, 22 août, 4 heures 50 minutes.

Inspecteurs délégués font connaître que le maréchal Bazaine adresse à S. Exc. le maréchal Mac-Mahon : « J'ai dû prendre position près de Metz pour donner du repos aux soldats et les ravitailler en vivres et munitions. L'ennemi grossit toujours autour de moi, et je suivrai probablement pour vous joindre la ligne du Nord, et vous préviendrais si la marche peut être entreprise sans compromettre l'armée. »

Maréchal Bazaine pour ministre guerre, Paris.

22 août, une heure sept minutes.

(Sans date de la transmission de Mézières.)

Nous sommes sous Metz, nous ravitaillant en vivres et en munitions. L'ennemi nous grossit toujours et paraît commencer à nous investir. J'écris à l'empereur, qui vous donnera communication de ma dépêche. J'ai reçu la dépêche de Mac-Mahon, auquel j'ai répondu ce que je crois pouvoir faire dans quelques jours.

Le ministre de la guerre à l'empereur, à Reims.

Paris, le 22 août, 1 h. 5 m. du soir.

Le sentiment du conseil, en présence des nouvelles du maréchal Bazaine, est plus énergique que jamais. Les résolutions prises hier soir devaient être abandonnées. Ni décret, ni lettre, ni proclamation ne devraient être publiés. Un aide de camp du ministre de la guerre part pour Reims avec toutes les instructions nécessaires.

Ne pas secourir Bazaine aurait à Paris les plus déplorables conséquences. En présence de ce désastre, il faudrait craindre que la capitale ne se défendit pas.

Votre dépêche à l'impératrice nous donne la conviction que notre opinion est partagée.

Paris sera à même de se défendre contre l'armée du prince royal de Prusse. Les travaux sont poussés très-promptement ; une armée nouvelle se forme à Paris. Nous attendons une réponse par le télégraphe.

Guerre à empereur. — Reims.

Paris, le 25 août 1870, 9 h. 15 m. du matin.

Il y a urgence extrême à remplacer, dans les régiments de cavalerie, les vides qui se sont produits dans les rangs des officiers. Je prie Votre Majesté de m'envoyer immédiatement l'état nominatif des candidats aux diverses vacances, ou de me faire connaître les nominations que l'empereur a déjà faites pour pourvoir à ces emplois.

Je réorganise ici le 9ᵉ cuirassiers, complétement détruit. Je me réserve pour ce régiment de faire les nominations et de combler les cadres, si déjà Votre Majesté n'a pourvu aux vacances existantes.

A Son Exc. le ministre de l'intérieur.

Courcelles, 23 août 1870, 9 h. 20 m. matin.

Je ne comprends pas pourquoi les préfets et sous-préfets ont reçu l'ordre de rester à leur poste et de fournir ainsi à l'ennemi l'avantage d'un service organisé.

NAPOLÉON.

Maréchal Mac-Mahon au ministre de la guerre.

Quartier-général à Réthel, 24 août, 9 h. 45 m. du soir.

Je crains de rencontrer encore dans les Ardennes grandes difficultés pour nourrir l'armée par le pays, difficultés qui seront insurmontables, si nous parvenons à joindre Bazaine. Je demande donc qu'il soit dirigé sur Mézières des envois considérables de biscuits, soit près de 2 millions de rations.

Maréchal MAC-MAHON.

Guerre à empereur. — Au Chêne-Populeux.

Paris, 27 août 1870, 7 h. 10 m. soir.

Je remercie Votre Majesté des officiers généraux qu'elle m'envoie. Je vais les utiliser de suite pour le 13ᵉ corps d'armée, mais ils ne suffisent pas. Je serai forcé de prendre encore des officiers généraux du cadre de réserve, conformément à la loi nouvelle, qui autorise le ministre de la guerre à utiliser les officiers généraux jusqu'à 70 ans et les autres jusqu'à 60 ans.

Si Votre Majesté me renvoie encore des officiers du cadre de réserve nommés par moi dans les corps formés à Paris, elle me mettra dans le plus cruel embarras. Ceux que l'on a renvoyés sont profondément blessés.

———

Maréchal Mac-Mahon au commandant supérieur de Sedan.

Le Chesne, 27 août 1870, 3 h. 25 m. soir.

Je vous prie d'employer tous les moyens possibles pour faire parvenir au maréchal Bazaine la dépêche suivante :

« Le maréchal Mac-Mahon, au Chesne, au ma-
» réchal Bazaine.

» Maréchal Mac-Mahon prévient maréchal Ba-
» zaine que l'arrivée du prince royal à Châlons le
» force à opérer le 29 sa retraite sur Mézières, et
» de là à l'ouest, s'il n'apprend pas que le mouve-
» ment de retraite du maréchal Bazaine soit com-
» mencé. »

Maréchal Mac-Mahon à guerre. — Paris.

Le Chesne, 27 août 1870, 8 h. 30 m. soir.

Les première et deuxième armées, plus de deux
cent mille hommes, bloquent Metz, principalement
sur la rive gauche; une force évaluée à 50,000 hommes serait établie sur la rive droite de la Meuse
pour gêner ma marche sur Metz. Des renseignements annoncent que l'armée du prince royal de
Prusse se dirige aujourd'hui sur les Ardennes avec
50,000 hommes; elle serait déjà à Ardeuil. Je suis
au Chesne avec un peu plus de 100,000 hommes.
Depuis le 9, je n'ai aucune nouvelle de Bazaine; si
je me porte à sa rencontre, je serai attaqué de front
par une partie des 1re et 2e armées, qui, à la faveur

des bois, peuvent dérober une force supérieure à la mienne, en même temps attaqué par l'armée du prince royal de Prusse me coupant toute ligne de retraite. Je me rapproche demain de Mézières, d'où je continuerai ma retraite, selon les événements, vers l'ouest.

Guerre à maréchal Mac-Mahon. — Au Quartier général.

(Urgent. — Faire suivre.)

Paris, 28 août 1870, 1 h. 30 m. soir.

Au nom du conseil des ministres et du conseil privé, je vous demande de porter secours à Bazaine, en profitant des trente heures d'avance que vous avez sur le prince royal de Prusse. Je fais porter le corps Vinoy sur Reims.

La veille ; un conseil de guerre avait été tenu à Courcelles.

MM. Rouher, Saint-Paul et de Cassagnac étaient venus y assister. Ils engagèrent Mac-Mahon à marcher vers Bazaine. Le maréchal refusa, déclarant qu'il ne se porterait vers Metz que si le commandant général de l'armée du Rhin l'appelait à lui. A minuit, M. Rouher et ses deux compagnons reprirent le train de Paris.

Le lendemain, Mac-Mahon reçut la dépêche précédente — à laquelle était jointe le curieux postcriptum suivant :

En aucun cas et quoi qu'il en advienne, ne ramenez pas l'empereur à Paris. C'est la révolution.

PALIKAO.

Au ministre de la guerre. — Paris.

Sedan, le 31 août 1870, 1 h. 45 m. matin.

Mac-Mahon fait savoir au ministre de la guerre qu'il est forcé de se porter sur Sedan.

Guerre à maréchal Mac-Mahon. — Sedan.

Paris, 31 août 1870, 9 h. 40 m. matin.

Je suis surpris du peu de renseignements que M. le maréchal de Mac-Mahon donne au ministre de la guerre ; il est cependant de la plus haute importance que je sache ce qui se passe à l'armée,

afin de pouvoir coordonner certains mouvements
de troupes avec ce que peuvent faire MM. les com-
mandants de corps d'armée. Votre dépêche de ce
matin ne m'explique pas la cause de votre marche
en arrière, qui va causer la plus vive émotion.

Vous avez donc éprouvé un revers?

Les ressources de l'intendance.

L'intendant général au ministre de la guerre,
à Paris.

Metz, 20 juillet.

Il n'y a à Metz ni sucre, ni café, ni riz, ni eau-de-
vie, ni sel, peu de lard et de biscuit.

Envoyez d'urgence au moins un million de rations sur Thionville.

L'intendant du 3ᵉ corps au ministre de la guerre,
à Paris.

Metz, 24 juillet.

Le 3ᵉ corps quitte en entier Metz demain. Je n'ai
ni infirmiers, ni ouvriers d'administration, ni cais-

sons d'ambulance, ni fours de campagne, ni train, ni instruments de passage, et, à la 4e division et à la division de cavalerie, je n'ai pas même un fonctionnaire. Je prie Votre Excellence de me tirer de l'embarras où je suis, le grand quartier-général ne pouvant me venir en aide, bien qu'il y ait là plus de dix fonctionnaires.

Pour copie,
Pour le directeur,
(*Illisible.*)

L'intendant au ministre de la guerre, à Paris.

Metz, 24 juillet.

Metz, qui fournit aux 2e, 3e, 4e et 5e corps, n'a plus ni biscuit, ni avoine. Envoyez d'urgence sur cette place les 3,000 kilog. demandés le 18, pressez forts versements d'avoine, les foins manquent, impossibilité de donner réserve de vivres de campagne au 3e corps. Intendant général prend réserves biscuit de toutes les places. Les reconstituer.

Général commandant 4ᵉ corps au major général. — Paris.

Thionville, le 24 juillet 1870, 9 h. 12 m. matin.

Le 4ᵉ corps n'a encore ni cantines ni ambulances, ni voitures d'équipage pour les corps et les états-majors.

Toul est complétement dégarni.

Sous-intendant à guerre, sixième direction, bureau des subsistances. — Paris.

Mézières, le 25 juillet 1870, 9 h. 20 m. matin.

Il n'existe aujourd'hui dans les places de Mézières et de Sedan ni biscuit ni salaisons.

Major général à l'empereur. — Paris.

Sarreguemines, le 25 juillet 1870.

Je suis près du général De Failly. Tout bien au moral. Les troupes vivent bien. L'organisation est encore fort incomplète pour ce qui concerne les accessoires seulement. J'en écris au ministre par télégramme. Un premier détachement de réservistes, venu des dépôts, est arrivé ici.

———

Intendant chef à guerre. — Paris.

Metz, le 26 juillet 1870, 8 h. 47 m. soir.

Par suite du manque absolu de boulangers et de l'impossibilité d'en trouver dans la classe civile, malgré les marchés passés pour fournitures à la ration, les nombreuses troupes en dehors de Metz sont obligées pour vivre de consommer le biscuit qui devrait servir de réserve, et qui n'arrive pas d'ailleurs dans une proportion suffisante. Il n'est arrivé, avec les 120,000 hommes de l'armée, que 38 nouveaux boulangers.

———

Au général Dejean, ministre de la guerre. —
Paris.

Saint-Cloud, 26 juillet, 6 h. 45 m. soir.

Je vois qu'il manque des biscuits et du pain à l'armée.

Ne pourrait-on pas faire cuire le pain à la manutention à Paris et l'envoyer à Metz ?

NAPOLÉON.

———

Guerre à intendant de la garde. — Metz.

Paris, le 26 juillet, 12 h. 50 m. soir.

Répondre aux questions suivantes :

1° Avec les 64 chevaux harnachés, livrés à la maison de l'empereur, combien avez-vous perdu de conducteurs?

2° Combien avez-vous perdu de voitures et quelle espèce de voitures?

3° Avez-vous des conducteurs haut le pied, et combien ?

J'ai besoin de ces renseignements pour former le détachement qui va vous être envoyé à Metz.

———

Colonel directeur parc, troisième corps, à directeur artillerie, ministère de la guerre. — Paris.

Metz, le 27 juillet 1870, 7 h. 58 m. matin.

Les munitions de canons à balles n'arrivent pas.

———

Intendant général à guerre. — Paris.

Metz, le 27 juillet 1870, 12 h. 50 m. soir.

L'intendant du premier corps m'informe qu'il n'a encore ni sous-intendant, ni soldats du train, ni ouvriers d'administration, et que, faute de personnel, il ne peut atteler aucun caisson ni rien constituer.

Intendant du Ier corps à guerre. — Paris.

Strasbourg, le 28 juillet 1870, 7 h. 55 m. matin.

Le 1er corps doit se porter en avant. Je n'ai encore reçu ni un soldat du train ni un ouvrier d'administration. Il est indispensable que ces moyens m'arrivent sans aucun retard. MM. les sous-intendants Geil, Bruyère et Fages ne sont pas encore arrivés.

Major général à guerre. — Paris.

Metz, le 29 juillet, 1870, 5 h. 56 m. matin.

Je manque de biscuit pour marcher en avant. Dirigez, sans retard, sur Strasbourg tout ce que vous avez dans les places de l'intérieur.

Major général à guerre. — Paris.

Metz, 29 juillet 1870, 10 h. matin.

Le général de Failly réclame avec instance du campement ; les tentes-abris, couvertures, bidons, gamelles, sont en nombre suffisant. Les hommes qui rejoignent le 5ᵉ corps arrivent presque tous sans campement, sans marmites. Il estime qu'il lui faudrait du campement pour 5,000 hommes.

Quant à la marine, qu'on en juge !

Le Havre, 22 juillet.

Chef de marine au ministre de la marine,
à Paris.

Il n'y a point au Havre de pilote connaissant la mer du Nord et la Baltique, et pouvant prendre la responsabilité du pilotage de nos bâtiments de guerre. C'est plutôt à Boulogne, Calais et Dunkerque qu'on pourrait en trouver. J'ai donné des ordres à Rouen. J'attends réponse.

Dunkerque, 17 juillet.

Chef de marine au ministre de la marine,
à Paris.

Paquebots de Dunkerque ne vont qu'à Péters-bourg en passant par le Sund et le nord des îles

Bornholm et Gotland; leurs capitaines et officiers ne connaissent pas la Baltique ni les côtes allemandes en dehors de cette route et ne se sentent pas capables de piloter les bâtiments de guerre dans ces parages.

————————

Dunkerque, 18 juillet.

Le chef de marine au ministre de la marine,
à Paris.

La plupart des capitaines du sous-arrondissement sont à la pêche en Islande ou en Écosse. Parmi ceux présents que j'ai vus, aucun n'est assez pratique pour piloter des bâtiments de guerre dans la Baltique.

————————

Boulogne, 12 juillet.

Le commissaire d'inscription maritime au
ministre de la marine, à Paris.

Il n'existe en ce moment à Boulogne ni capitaine ni maîtres au cabotage pouvant piloter dans les mers du Nord ou dans la Baltique. Je n'ai à présen-

ter qu'un ancien matelot déjà signalé au chef maritime à Dunkerque, capable de piloter dans la
Baltique

Voici qui est plus fort encore :

Brest, le 27 juillet 1870, 1 h. 55 m. soir.

Vice-amiral commandant en chef à marine.
— Paris.

La Majorité de Brest est dépourvue des cartes
mer du Nord et Baltique. Il en faudrait onze séries
à escadre actuelle.

Paris, 7 juillet.

Ministère de la marine au chef de marine,
à Dunkerque.

Je donne l'ordre à Anzin de vous expédier jusqu'à nouvel ordre trois cents tonnes au moins d'agglomérés par jour.

Affrétez autant de caboteurs que vous pourrez
pour faire arriver ce charbon le plus tôt possible à
Cherbourg et mettez-en dans votre parc autant qu'il
peut en contenir. Rendez-moi compte des dispositions que vous aurez prises.

Paris, 7 juillet.

Ministère de la marine à M. Beau, directeur de mines, à la Grand'-Combe.

Arrangez-vous pour nous livrer chaque jour jusqu'à nouvel ordre, cent cinquante tonnes de briquettes, et allez même jusqu'à deux cents, si vous pouvez.

Répondez-moi.

Paris, 7 juillet.

Le ministre de la marine à M. Bonnet, agent de marine, 32, rue de Lille, à Valenciennes.

Entendez-vous avec M. de Marcilly, à qui j'écris par le télégraphe, pour qu'on expédie chaque jour à Dunkerque au moins trois cents tonnes de briquettes.

Répondez-moi par le télégraphe.

Paris, 7 juillet.

Ministère de la marine à M. de Marcilly, directeur de mines à Anzin.

Prenez immédiatement des dispositions pour expédier journellement à Dunkerque le maximum de trois cents tonnes d'agglomérés fixé par votre marché, et même plus si vous pouvez. Répondez-moi par le télégraphe.

Cherbourg, 8 juillet.

Le préfet maritime au ministre de la marine,
à Paris.

La Marne n'est installée que pour porter des hommes. Elle a deux stalles de chaque côté dans la batterie haute pour chevaux d'officiers supérieurs; ce serait une installation complète à faire et qui demanderait assez longtemps de travail.

Cherbourg, 12 juillet.

Le préfet maritime au ministre de la marine,
à Paris.

Les documents spéciaux danois et autres sur la Baltique demandés à Paris par l'amiral Bouët ne sont pas arrivés. Prière de les renvoyer d'urgence, s'ils ne sont déjà expédiés.

Est-ce assez navrant !

III

ÉLECTIONS, PRESSE, CENSURE.

Dossier d'Emile Ollivier, surnommé Cœur léger.

Lettres de M. Ollivier à M. Duvernois.
(Autographe).

10 novembre 1869.

Cher ami,

J'ai beaucoup réfléchi chemin faisant ; voici où j'en suis :

1° Je me range à votre avis et à celui de Magne. Je crois que le ministère doit être organisé avant la session, immédiatement après l'élection de Paris ;

2° Plus que jamais je considère comme impossible que j'entre dans une voie de répression à l'égard de la presse. Moi, libéral, je poursuivrais, alors que les réactionnaires n'ont pas poursuivi ! cela me coulerait du coup et pour toujours.

J'ai écrit à l'empereur dans ce sens. Vous êtes averti : agissez en conséquence et manœuvrez dans le *Peuple* de manière à effacer l'impression de vos derniers articles. Il faut que, si vous arrivez à l'intérieur, votre signification soit liberté et non réaction ! Prenez-y garde, manœuvrez hardiment pour cela et sans retard.

Votre dévoué,

Emile Ollivier.

---

12 novembre.

Après la lettre de l'empereur, je supprime la lettre que je lui écrivais. Voici celle que je lui réponds. Je vous l'envoie pour que vous la fassiez parvenir; remettez-la ouverte ou fermée, suivant ce que vous jugerez le meilleur; mais lisez-la avant.

Insistez pour Forcade au Conseil d'État : c'est parfait. Il n'est pas humilié par là, et la satisfaction de l'opinion publique de ne pas le voir à l'intérieur vous aidera habilement (*sic*) pour que cette combinaison réussisse.

Je partirai d'ici *dimanche*; j'arriverai d'un trait.

La lettre de l'empereur est si confiante, si noble, qu'elle triomphe de tous mes scrupules. Je suis décidé et je marche au combat ! Que Dieu bénisse nos armes !

OLLIVIER.

Lettre de M. Ollivier à Napoléon.

(Copie gardée par M. Duvernois.)

Paris, 12 novembre 1869.

Sire,

Mes journées se passent à réfléchir. Or, voici ce qui m'apparaît de plus en plus clairement. Votre sénatus-consulte a été une transformation dans les choses; il faut que mon avénement soit une transformation dans les personnes. Tout en respectant les situations acquises, il faut que vous vous efforciez d'attirer à vous le plus grand nombre possible de jeunes hommes, et de donner à ceux que vous ne pouvez employer de suite l'espérance d'être utilisés plus tard. Aussi je considère comme d'une utilité majeure de procurer une élévation subite, éclatante, propre à frapper les imaginations, aux rares hommes de talent de trente à quarante ans que le dégoût n'a pas jetés *encore* dans les rangs du parti révolutionnaire.

Voilà pourquoi j'ai proposé à Votre Majesté la nomination de M. Duvernois au sous-secrétariat d'État de l'intérieur. Voilà pourquoi je propose aujourd'hui la nomination de M. Philis au secrétariat de la justice. M. Philis a trente-huit ans; il est avocat, ami et émule de Gambetta et de Ferry: il s'est séparé d'eux pour me rester fidèle. C'est un orateur vaillant et éprouvé qui ramènera avec énergie les jeunes irréconciliables avec lequels il s'est mesuré déjà plus d'une fois.

Sa nomination aurait en outre l'avantage d'établir comme précédent que les sous-secrétaires d'État peuvent n'être pas choisis parmi les députés. On se réserverait ainsi un moyen de révéler à la nation les hommes de mérite qui seraient dans l'impossibilité d'arriver au Corps législatif.

Appelez à vous la jeunesse, Sire, *elle seule peut sauver votre fils ;* les vieillards égoïstes qui vous entourent ne songent qu'à eux.

Ma principale occupation, tant que vous accepterez mon concours, sera de chercher partout des hommes, et, lorsque j'aurai trouvé celui qui pourra mieux que moi remplir mon office, je vous le désignerai moi-même et je serai bien heureux de lui frayer la route. Cette régénération de notre personnel est urgente ; sinon vous péririez d'inanition au milieu de la cohorte incapable et pusillanime de vos fonctionnaires. Il va de soi que je conseille de prendre ce qui est fort dans tous les partis ; mais ceux qui appartiennent à l'opinion libérale ont été jusqu'à ce jour proscrits avec une telle obstination, qu'il y a un long arriéré à solder à leur égard.

Je vous prie, Sire, de me croire votre tout dévoué *ex imo*.

Signé : E. Ollivier.

Pour ne rien ébruiter, il suffit que je sois à Paris mardi. En quelques jours, dans l'état où en sont les choses, tout sera terminé.

Lettre de M. Conti à M. Duvernois.

(Autographe.)

Mon cher monsieur Duvernois,

L'empereur me charge de vous dire que M. de

Forcade est au courant de tout, et que vous pourrez vous ouvrir à lui.

S. M. répondra demain à M. Émile Ollivier.
Bien à vous.

CONTI.

Compiègne, 15 novembre 1869.

Lettre de M. Ollivier à M. Duvernois.

31 décembre 1869.

Mon cher ami,

Je ne demanderais pas mieux que de vous avoir, vous le savez. L'empereur le désire ; mais il croit que, dans votre intérêt, il vaudrait mieux différer, de manière que votre avénement fût plus efficace.

Ce que vous me dites de Magne m'embarrasse. Vous savez qu'avant de me lier avec lui, j'ai consulté beaucoup, et que nul n'a été plus ardent que Girardin à me conseiller de le garder. *La Bourse devait baisser d'un franc*, si je ne le gardais pas. Maintenant, me voilà lié.

Je vous souhaite de n'être jamais chargé de former un ministère et de ne jamais vous trouver aux prises avec la férocité des amours-propres.

A vous.

(Signé) ÉMILE OLLIVIER.

Vient le plébiscite, et voici ce qu'il inspire à M. Ollivier.

Ministre de la justice aux procureurs généraux.

J'ai ordonné cette nuit l'arrestation de tous les individus qui constituent l'Internationale. Si cette Société a des ramifications parmi vous, arrêtez les affiliés.

N'hésitez pas non plus à poursuivre les journaux de votre ressort qui contiendraient un appel à la guerre civile ou des outrages à l'empereur.

Nous ne pouvons assister les bras croisés aux débordements révolutionnaires.

Respectez la liberté ; mais la provocation à l'assassinat et à la guerre civile, c'est le contraire de la liberté.

ÉMILE OLLIVIER.

30 avril 1870, 9 h. 20 m. matin. — N° 138.

Justice à procureurs généraux.

Dites à tous les juges de paix et à tous les magistrats que je les verrais avec plaisir dans les comités plébiscitaires.

Envoyez-moi des rapports sur la situation de votre ressort.

OLLIVIER.

A monsieur le garde des sceaux, le procureur général.

Rouen, 1er mai 1870.

Il y a, à Rouen, l'un des principaux membres de l'Internationale en France. Faut-il l'arrêter sous l'inculpation de société secrète ou d'affiliation au complot?

(Un *rapport* suit.)

Réponse :

Arrêtez-le de suite, mais seulement sous inculpation d'association non autorisée; puis nous verrons, d'après les pièces trouvées à Rouen ou ailleurs, s'il convient d'ajouter d'autres qualifications.

ÉMILE OLLIVIER.

Justice à procureur général.

Toulouse, 1er mai 1870.

Avez-vous saisi l'Internationale? Elle existe à Toulouse.

ÉMILE OLLIVIER.

Procureur général à ministre de la justice.

Orléans, 1er mai 1870.

Dans la réunion publique, hier soir à Tours, M. Rivière a donné lecture de la dépêche sur l'attentat contre l'empereur. Il a ajouté :

« On devait répandre ce bruit la veille du plébiscite, afin d'évoquer le spectre rouge. En 1855, Ledru-Rollin a été accusé ainsi d'un complot imaginé par la police secrète. L'histoire nous apprendra que les faits actuels sont inventés. »

Demain réunion nouvelle. Faut-il poursuivre? Audience correctionnelle est vendredi. Faut-il attendre ce jour?

Justice à procureur général, Aix.

A-t-on saisi l'Internationale à Marseille? Elle y existe certainement. — On me dit que les réunions

de Marseille sont intolérables par leurs violences.
N'hésitez pas à faire un exemple et surtout frappez
à la tête. Prenez-vous-en aux avocats, aux messieurs plutôt qu'aux pauvres diables du peuple.

ÉMILE OLLIVIER.

Lettre de M. Ollivier à Napoléon.
(Copie gardée par M. Duvernois.)

Corps législatif.

Paris, 13 novembre 1869.

Sire,

Je continue à vous communiquer le résultat de
mes réflexions quotidiennes.

J'ai prié M. Daru de se trouver chez lui mercredi
à cinq heures et demie.

Si j'échouais auprès de lui malgré tous les efforts
que je tenterai, Votre Majesté veut-elle me permettre d'offrir le portefeuille du commerce à
M. Buffet? Je connais mieux encore que vous,
Sire, les inconvénients de ce personnage; mais il a
fait avec nous la loi sur les coalitions, il n'est pas
protectionniste, il parle bien, il est honnête et jouit

d'une réelle influence sur une partie de l'opinion ; quant à ses inconvénients, j'en fais mon affaire et je m'ingénierai à en défendre Votre Majesté.

Si cependant, Sire, vous ne pouviez vous résigner à M. Buffet, ce que je regretterais, je vous prierais de m'autoriser à m'adresser à M. Segris. Je voudrais ne vous entourer que de personnes qui vous fussent agréables, mais nous sommes à l'entrée d'un défilé difficile, et nous ne le franchirons qu'en prenant chacun un peu sur nous. Après la session, si, comme je l'espère, nos jeunes recrues se sont bien conduites au feu, vous pourrez arranger tout cela autrement, de manière à ne vous imposer le sacrifice d'aucune répugnance personnelle.

Est-ce que Piétri n'aurait pas l'étoffe d'un ministre de l'intérieur ? Je m'en accommoderais fort bien.

Si Chasseloup se trouve trop démuni au ministère des beaux-arts, on pourrait le mettre aux travaux publics, où un orateur n'est pas indispensable, et l'on placerait Talhouët aux beaux-arts.

Il y aurait encore une autre combinaison, ce serait de redonner à Chasseloup son ancien ministère de la marine. Vous auriez ainsi un portefeuille de plus pour un homme nouveau, M. Mége, par exemple, qui parle bien et qui jouit de beaucoup de considération.

Enfin, on pourrait placer Chasseloup à l'intérieur avec Duvernois, jusqu'au jour où le sous-secrétaire d'État deviendrait ministre.

Je ne puis plus recevoir ici utilement de lettres de Votre Majesté. Je vous prie de vouloir bien me faire connaître vos intentions sur les projets que je vous ai soumis mardi soir, à Paris, afin que je puisse me mettre à l'œuvre dès le lendemain et tout terminer le plus tôt possible.

Je prépare une circulaire aux procureurs généraux sur la presse, afin de mettre un peu d'ordre dans l'anarchie qui règne actuellement sur cette matière.

Je vous prie d'agréer, Sire, la nouvelle assurance de mon entier dévouement.

E. Ollivier.

A M. Piétri, secrétaire particulier de l'empereur au château de Compiègne.
(L'adresse porte *personnelle et urgente*.)

Mon cher monsieur Piétri,

Ollivier partira ce soir à huit heures. Il aura la

tête enveloppée d'un cache-nez et ne mettra point ses lunettes, ce qui le rend méconnaissable.

Tout à vous,

Clément Duvernois.

Lettre de M. Conti à M. Duvernois.

Palais des Tuileries, le 20 juin 1870.

Mon cher député,

L'empereur, à qui j'ai dû faire connaître votre situation vis-à-vis de la caisse du *Peuple français,* me charge de vous dire qu'il vous prie de garder la somme que vous avez reçue en avances et de la considérer comme une indemnité pour les excellents services que vous avez rendus dans ce journal.

Bien à vous,

Conti.

Lettre de M. Conti à M. Duvernois.

Mon cher monsieur Duvernois,

Je viens de lire votre lettre à l'empereur, qui en a été enchanté. La conduite d'Émile Ollivier est d'un homme de cœur et d'un homme d'État.

Nous allons sortir, grâce à lui, de tout ce gâchis. Enfin !

Mille amitiés.

CONTI.

Ce dimanche soir.

Son Excellence Monsieur Émile Ollivier.

Brignolles, 4 mai 1870.

Avant 8 mai courant, création d'un second débit de tabac ; urgence : rappelez-vous veuve Toulga.

LAURE, adjoint.

Le procureur général à Son Excellence Monsieur le garde des sceaux. — Paris.

Metz, le 4 mai 1870, 11 h. 33 m. matin.

Cour de Metz doit se prononcer à deux heures sur projet d'adresse à l'empereur, au sujet du complot. Le premier président désire savoir si cette adresse serait favorablement accueillie par Sa Majesté, et si la Cour de cassation et la Cour de Paris se proposent de voter une adresse.

Prière de répondre avant deux heures.

Le procureur général à Son Exc. M. le garde des sceaux. — Paris.

Besançon, 8 avril 1870, 10 h. 55 m. matin.

Des affiches imprimées, non timbrées, annoncent pour dimanche une réunion antiplébiscitaire au théâtre, et indiquent les orateurs qui doivent parler; *c'est une simple annonce.* Le préfet et moi nous pensons que la poursuite serait inopportune et produirait, à Besançon surtout, un très-mauvais effet. Une poursuite intentée et des affiches arrachées ont indisposé très-fortement les électeurs aux dernières élections.

Justice au procureur général à Besançon.

Malgré les observations du préfet, je persiste à croire la poursuite indispensable. Peu importe l'effet, quand la loi est impérieuse; il est temps d'ailleurs qu'on sente la main du gouvernement,

ÉMILE OLLIVIER,

2 mai 1870, 11 h. 45 m. matin.

-----

*Le procureur général à M. le ministre de la
justice. — Paris.*

Besançon, le 5 mai 1870, 12 h. 45 m. soir.

On m'assure que le *Doubs* doit faire paraître ce
soir un article très-violent contre la magistrature,
à l'occasion des poursuites dirigées contre lui. On
ajoute que cet article peut nuire beaucoup. S'il en
est ainsi, j'ai l'intention de faire saisir le journal
après le dépôt, à moins d'ordres contraires que je
prierais d'envoyer immédiatement.

A M. le procureur général. — Besançon.

C'est surtout la saisie qui est utile. — Saisissez.

OLLIVIER.

---

*Le procureur général à Son Exc. M. le garde
des sceaux. — Paris.*

Montpellier, le 50 avril 1870, 2 h. 18 m. soir.

Vos instructions seront fidèlement suivies. Les
nouvelles vont toujours s'améliorant. L'intervention du haut clergé est chose très-heureuse. Je per-

siste à penser qu'il serait désirable d'user de toute l'influence possible sur le personnel de l'instruction publique et des chemins de fer, où l'on m'annonce, du reste, amélioration. Les odieuses excitations des réunions démagogiques de Paris produisent ici une heureuse réaction.

Le ministre de l'intérieur à Son Exc. le garde des sceaux.

Paris, le 5 mai 1870.

Mon cher ami,

La *Marseillaise* et le *Rappel* n'ont pas été saisis ce matin.

Il me semble pourtant qu'avec un peu de bonne volonté on pourrait trouver dans les feuilles radicales de quoi motiver une poursuite, et je persiste à penser qu'il y a *grand interêt* à les empêcher tous ces jours-ci d'*aller empoisonner* nos campagnes.

A vous,

CHEVANDIER DE VALDRÔME.

Pas de réponse de M. Ollivier. Il n'est pas difficile de la faire. Revoir, plus haut, celle faite au procureur général de Besançon.

Pas la moindre allusion!
Le Parisien serait trop heureux de la saisir.

OEUVRES CHOISIES DE LA COMMISSION DE CENSURE.

ACADÉMIE DE MUSIQUE.

« La *Fronde*, opéra en trois actes.

» 25 décembre 1852.

» Cet opéra nous a paru être, contre l'intention bien évidente des auteurs et par la nécessité du sujet, imprégné d'un sentiment de révolte qui nous semble n'être pas sans inconvénient, même à l'Opéra ; de plus, nous regardons comme dangereux, sur tous les théâtres, la mise en scène d'émeutes, les cris *Aux armes!* etc.

» Dans cette position, nous ne croyons pas pouvoir proposer l'autorisation de cet ouvrage.

» Toutefois, comme il s'agit d'un théâtre hors ligne et d'un public d'élite, nous croyons devoir soumettre cette grave question à la haute appréciation de S. Exc. M. le ministre, ainsi que la convenance de la présence sur la scène de religieuses et de moines.

» Nous croirions cependant manquer à nos devoirs en négligeant de signaler l'influence que peuvent avoir, même hors de la scène de l'Opéra, les chants des frondeurs et les cris *Aux armes !* s'ils sont répétés dans d'autres théâtres, dans les cafés-concerts, ou chantés sur la voie publique.

» Nous attendrons sur tous ces points les ordres de Son Excellence. »

THÉATRE DE L'OPÉRA-COMIQUE.

» *Le Capitaine Henriot*, opéra-comique
en trois actes.

» (Sans date.)

» L'action se passe pendant le siége de Paris. Le héros est Henri IV, dont le portrait est retracé par l'auteur tel que l'histoire et la chanson nous l'ont légué : ce diable à quatre, etc.

» Le directeur du théâtre impérial de l'Opéra-Comique n'a pas voulu se lancer inconsidérément dans les études laborieuses et les grandes dépenses nécessaires pour monter un ouvrage capital. Il a désiré préalablement consulter l'administration sur la question de savoir si la censure admettait le principal personnage, le capitaine Henriot, ou plutôt Henri IV.

» Les appréhensions du directeur ne pouvaient qu'éveiller davantage notre attention sur une pièce qui, par son titre et sa couleur, nous préoccupait déjà. Après avoir mûrement examiné la question, nous penchons pour l'admission.

» Le gouvernement de Napoléon III ne repousse aucune gloire des rois ses prédécesseurs.

» La monarchie française, qu'elle s'appelle royauté ou bien empire, que la maison régnante soit Bourbon ou Bonaparte, forme dans l'histoire un faisceau éclatant dont les diverses splendeurs réunies constituent le patrimoine du trône, quel que soit le nom de la dynastie et du souverain qui y sont assis. La dynastie des Bonaparte, en succédant à celle des descendants de Saint-Louis, n'a pas interrompu les traditions de l'histoire de la monarchie.

» Le personnage du Béarnais a été mis plusieurs fois sur la scène depuis l'empire et toujours sans inconvénient, devant le public qui fréquente plus particulièrement les théâtres populaires... Il est très-vraisemblable qu'il n'en sera pas autrement à l'Opéra-Comique. Nous croyons qu'il serait regrettable de reconnaître pour ainsi dire *à priori*, comme un drapeau d'opposition sur le théâtre du personnage de Henri IV.

» Il nous paraît donc que, pour une pièce telle que celle dont il s'agit, il n'y a pas lieu, de la part de l'administration, d'agir préventivement. S'il arrivait, ce qui n'est pas à présumer aujourd'hui, que, méconnaissant la pensée libérale du gouvernement, quelques mauvais esprits cherchassent à profiter d'une occasion de ce genre pour se livrer à des manifestations hostiles, nous pensons qu'alors seulement il y aurait lieu d'user des mesures répressives. Le gouvernement de l'empire est trop populaire pour avoir rien à craindre de pareilles entreprises, qui, d'ailleurs ne se manifesteront d'aucune manière. Nous croyons donc qu'il convient d'admettre la pièce qui nous occupe. Toutefois, nous avons l'honneur d'appeler respectueusement l'attention de Son Excellence sur cet ouvrage. »

COMÉDIE-FRANÇAISE.

» *Le Gâteau des Reines.* comédie en cinq
actes.

» 9 août 1854.

» On doit savoir gré à l'auteur de n'avoir mis
en scène ni le roi Louis XV, ni le cardinal
Fleury.

» Le rôle de Stanislas ne peut faire naître aucune
allusion relative à la Pologne. Il est plein de no-
blesse et de dignité. Le personnage de Marie Lec-
zinska est irréprochable. Il n'en est pas de même
du personnage de Mme de Prie, qui traverse la
pièce d'un bout à l'autre. Outre ces intrigues, qui
font le nœud de cette comédie, l'auteur lui a donné
un vernis de galanterie qui nous paraît passer les
bornes.

» Le personnage du duc de Bourbon, premier
ministre, nous paraît trop abaissé et a besoin d'être
modifié.

» Quant au troisième acte, qui se passe devant
le couvent de Fontevrault, nous pensons qu'il peut
être admis avec des modifications. Toutefois, cet
acte, dans son ensemble, présentant une question

de convenance religieuse, nous le soumettons à la haute appréciation de M. le ministre.

» En résumé, nous pensons que la pièce pourra être autorisée si, comme nous avons lieu de le croire, l'auteur opère des modifications suffisantes dans le sens des observations qui précèdent. »

« 22 août 1854.

» La commission d'examen, ayant pris connaissance des changements opérés par l'auteur dans la pièce le *Gâteau des Reines*, a reconnu que ces modifications ont eu pour objet d'atténuer la couleur de galanterie trop accusée du personnage de Mme de Prie et l'importance dominante de ce rôle, qui plaçait le duc de Bourbon dans une nullité ridicule.

» Nous pensons donc que la pièce peut être mise en répétition, sous la réserve de quelques passages dont l'auteur a refusé de faire le sacrifice, et notamment les passages suivants :

ACTE II.

» 1° Les femmes dévorant les mâles dans la maison d'Autriche.

» 2° Cette poupée (infante d'Espagne).

» 3° Toutes les couronnes sont les mêmes :
couronne de France ou couronne du Japon ; couronne d'or ou couronne de laurier ; on ne les attend
pas, on les prend. »

ACTE III.

« Dans l'acte du couvent, dont le fond a été
admis par Son Excellence, nous pensons qu'il y a
lieu de supprimer le mot de *couvent*, quand il est
trop souvent répété, le mot de *sœur* trop prodigué,
et toutes les épigrammes qui jettent du ridicule sur
les religieuses.

La maison de Fontevrault doit être plutôt une
maison d'asile pour les filles nobles qu'un couvent
véritable.

5° Une jeune femme, qui en ce moment gouverne
la France, quoiqu'il y ait en France deux Bourbons,
l'un assis sur le velours du trône, l'autre debout
sur les marches du trône.

6° Le mot de *courtisane* appliqué à Mme de Prie.

7° Et le dernier mot de l'ouvrage mis dans la
bouche de Mme de Prie : *Enfin j'ai fait une reine et
je vais régner.*

» Ce mot, qui avait attiré l'attention de M. le ministre, a le double inconvénient de résumer la pièce d'une manière inexacte et d'exagérer la portée du rôle de Mme de Prie, en présentant une pareille femme comme disposant de la couronne de France. »

» 2 mai 1855.

» L'auteur du *Gâteau des Reines*, après cinq conférences avec la commission, a enfin opéré toutes les suppressions et modifications de détail qui lui avaient été demandées, et auxquelles il s'était refusé jusqu'au dernier moment.

» Les inconvénients inhérents au sujet ont été considérablement atténués par toutes ces modifications successives, qui devront encore être complétées par la mise en scène.

» Dans cette position, et la donnée de la pièce ayant été admise dès l'origine par Son Excellence, nous n'avons plus qu'à proposer l'autorisation. »

» *La Pierre de touche*, par M. Emile Augier,
comédie en cinq actes, en prose.

» Paris, le 19 décembre 1853.

… » Tels sont, en résumé, l'impression et l'effet

qui nous paraissent devoir résulter de la représentation de cette pièce, surtout après le soin que nous
avons mis à faire disparaître ou à modifier certaines
formules, telles que : « La société est mal faite ; le
riche, dans les desseins de Dieu, n'est que le trésorier du pauvre ; » et quelques mots comme : « l'in-
solence des riches ; la protestation du déshérité ;
Dieu n'est pas juste, » etc., qui, par leur application, auraient pu éveiller les susceptibilités d'une
partie des spectateurs.

» En conséquence, nous proposons l'autorisation, moyennant les changements opérés sur les
manuscrits. »

———

» *Les Jeunes Gens*, par M. Léon Laya, comédie
en trois actes, en prose.

» Paris, 26 septembre 1851.

» Nous avons déjà plusieurs fois signalé de
quelle portée sont pour nous les théâtres secondaires, c'est-à-dire pour l'ensemble de la littérature
dramatique, les ouvrages représentés sur le Théâtre-
Français. Nous ne pouvons que rappeler nos in-
stantes observations à ce sujet. Comment, par exem-

ple, nous sera-t-il possible de nous opposer à l'invasion de l'argot sur les théâtres de vaudeville, si la Comédie française admet un jargon analogue?

» Il nous paraît donc indispensable que l'auteur modifie sa pièce dans le sens que nous indiquons. A cette condition seulement, nous pouvons proposer que la représentation en soit autorisée »

« Paris, 30 septembre 1870.

» L'auteur s'est rendu aux observations énoncées dans le rapport ci-dessus. Il a opéré de nombreuses modifications dans le rôle de Francisque, et fait disparaître du dialogue de ce personnage le ton qui nous avait paru inconvenant vis-à-vis de son père, et les locutions qui rappelaient trop les habitudes des scènes secondaires.

» Nous pensons que cette pièce, dans son état actuel, peut être représentée sur la scène du Théâtre-Français.

» En conséquence, nous en proposons l'autorisation. »

« *Diane*, drame en cinq actes et en vers.

» Dans cette pièce, les rôles dominants sont ceux de Richelieu et de Diane. La jeune fille flétrit si énergiquement l'assassinat d'un homme dont la vie est nécessaire à la France, que les inconvénients d'une conspiration nous paraissent couverts par l'effet général de l'ouvrage.

» Ce drame, au surplus, a été lu directement, verbalement autorisé par le prédécesseur de M. le Ministre ; mais le visa n'a point été donné.

» Indépendamment de cette haute décision, notre impression personnelle nous eût conduits à proposer l'autorisation, que nous avons en effet l'honneur de proposer à M. le ministre.

» Toutefois, un pareil sujet ne peut être traité, quelles que soient les bonnes intentions, la prudence et le talent de l'auteur, sans qu'il surgisse des possibilités d'allusion que nous devons signaler à la haute appréciation de M. le ministre par la citation de quelques passages.

» Quelque iniques et absurdes que soient de pareilles allusions, contre lesquelles se révolte notre conscience de citoyens, il est de notre devoir d'examinateurs d'aborder sans faux scrupule cette délicate question.

» Quels reproches M. le ministre n'aurait-il pas à adresser à notre imprévoyance, si, à l'occasion de ces passages, la malveillance des partis hostiles venait à se produire en plein théâtre?

ACTE II, SCÈNE III.

» *Entre les conjurés.*

Cette scène depuis les vers suivants :

Tuons le cardinal, une fois le coup fait.
Nous irons à Sedan en attendre l'effet.

Jusqu'à ceux-ci :

Qui perd du temps, perd tout contre un tel adversaire ;
Sa mort est juste enfin, puisqu'elle est nécessaire.

. . . .

Ma haine des tyrans s'exhale dans un coin.
Qu'il me tarde, cordieu ! de secouer ma chaîne ?
etc.

» Nous croyons devoir rappeler sur cette scène toute l'attention de M. le ministre, et la soumettre particulièrement à sa haute appréciation. »

THÉATRE IMPÉRIAL DE L'ODÉON.

» *Lorenzaccio*, drame en cinq actes, d'Alfred de Musset.

» Palais des Tuileries, 28 juillet 1864.

» Ce n'est pas la première fois qu'il est question de représenter cet ouvrage, qu'Alfred de Musset n'avait pas composé pour la scène. Le Théâtre-Français, qui y avait songé, a reculé devant les difficultés, qui lui parurent insurmontables.

» Dans la version que le directeur de l'Odéon soumet à la censure, on a cherché à adapter l'ouvrage à la scène par des suppressions nombreuses et des soudures ayant pour objet de rapprocher les différentes péripéties que des digressions, toutes naturelles dans un drame écrit pour être lu et non pour être joué, isolaient les unes des autres.

» Nous ne croyons pas que cette œuvre, arrangée telle qu'elle est, rentre dans les conditions du théâtre. Les débauches et les cruautés du jeune duc de Florence, Alexandre de Médicis, la discussion du droit d'assassiner un souverain dont les crimes et les iniquités crient vengeance, le meurtre même du prince par un de ses parents, type de dégrada-

tion et d'abrutissement, nous paraissent un spectacle dangereux à présenter au public.

» En conséquence, nous ne croyons pas qu'il y
ait lieu d'autoriser la pièce de *Lorenzaccio*.

THÉATRE DU GYMNASE.

» L'*Étrangère*, comédie en un acte.

» Palais des Tuileries, 8 octobre 1864.

» La donnée de cette pièce, avec quelque ména-
gement que l'auteur l'ait traitée, nous paraît présenter un inconvénient grave.

» Nous croyons mauvais de mettre sous les yeux
du public ce dévergondage d'imagination de femmes
du monde, et du plus·haut monde, qui, sans autre
mobile qu'une curiosité malsaine, se donnent ainsi
pendant une heure le plaisir et la honte de la vie
de courtisane.

» La princesse russe Ismaïloff, représentée
comme appartenant à la plus haute aristocratie
étrangère; la marquise de Chambry, représentant
le monde parisien, amenées chez une Nina Castrucci, la première par un hasard dont elle se ré-
jouit et dont elle profite; la seconde par la fantai-

sie d'un amant qui satisfait ainsi un des caprices de sa maîtresse, nous semblent, dans leur ardeur joyeuse à jouer à la drôlesse, d'un enseignement aussi dangereux, plus démoralisant peut-être que la mise en scène des filles elles-mêmes.

» Si nous entrons dans les développements de la pièce, nous ne pouvons pas ne point signaler la position si nettement avouée de Mme de Cambry vis-à-vis du vicomte Alexandre. Quant au dénoûment, nous trouvons profondément immoral et blessant de voir la princesse Ismaïloff recevant son mari dans la chambre à coucher au lieu et place de la Castrucci, et trouvant ainsi moyen de compléter légalement son équipée et de satisfaire tout à fait sa curiosité.

» En résumé, la Commission pense que l'*Etrangère*, qui aurait le double tort d'attaquer la morale publique et de froisser les susceptibilités de la haute société parisienne et étrangère, ne saurait être admise au théâtre, et elle ne peut qu'en proposer l'interdiction. »

L'avis n'empêcha pas la pièce de se produire. Elle fut jouée.

THÉATRE DES VARIÉTÉS.

« *Un regard de ministre,* vaudeville en un acte.

» Paris, 21 juillet 1854.

» Nous proposons l'autorisation, moyennant le
» changement de titre, qui ne nous paraît pas
» admissible.

—

» *Michel Perrin,* vaudeville en deux actes.

Paris, le 4 mars 1855.

» Ce vaudeville, joué pour la première fois au
Gymnase en 1834, par conséquent sans examen
préalable, a eu une longue série de représentations.

» Chargés de revoir la pièce, qui doit être reprise
au théâtre des Variétés, nous avons cru devoir
faire à l'auteur quelques observations sur la partie
de l'ouvrage qui touche au ministère de la police et
à la police en général, institution contre laquelle les
allusions sont d'ordinaire avidement saisies.

» Il ne nous a pas paru convenable que le ministre dit de ses employés « qu'ils se vendaient tous
pour un écu; qu'ils ne faisaient que des mala-

dresses ; qu'il fallait toujours promettre leur grâce aux accusés, sauf à ne pas tenir ; qu'on aurait besoin d'une bonne petite conspiration ; que les agents n'auraient pas l'esprit de la faire, » etc.

» L'indignation de Michel Perrin contre Fouché et la police nous a paru aller trop loin, et avoir d'autant plus d'inconvénient que le rôle de l'ancien curé est plus honorable.

» L'auteur est entièrement entré dans nos vues et a opéré des suppressions et modifications qui, sans nuire en rien à l'ouvrage, nous paraissent en faire disparaître les inconvénients.

» En conséquence, nous proposons l'autorisation. »

—

THÉATRE DU PALAIS-ROYAL.

» *La Mère Moreau*, pochade en un acte.

» 30 juillet 1852.

» Nous avons pensé que le personnage d'un agent de l'octroi mis en scène d'une manière grotesque, pourrait avoir quelques inconvénients ; sur nos observations, les auteurs ont fait de Boustou-

bie un simple dégustateur déjà destitué par l'administration, qui se sert de son ancien titre pour
faire prévaloir ses prétentions. Ce changement
nous paraissant suffisant, nous proposons l'autorisation de la pièce moyennant les modifications opérées sur les manuscrits. »

—

« *Poste restante*, vaudeville en un acte.

» 30 juin 1852.

» Nous avons fait disparaître toute connivence
de l'employé de la poste avec Lobillard, qui fait
retirer l'adresse à M. Frédéric par un frotteur qui
porte aussi le nom de Frédéric. Nous proposons
l'autorisation moyennant cette modification. »

—

THÉATRE DE LA PORTE SAINT-MARTIN.

« *Paris*, drame historique en vingt-cinq tableaux,
par M. Paul Meurice.

» Paris, 19 juillet 1855.

. . . .

» Nous avons demandé que la pièce se terminât

avant la révolution, ou qu'un tableau final fût consacré à Napoléon Ier.

» Le directeur est entré pleinement dans nos vues, mais il s'est trouvé en présence des résistances de l'auteur. Il a passé outre ; il a supprimé ou modifié les tableaux susmentionnés ; il a fait faire un tableau final représentant Napoléon Ier distribuant des aigles au Champ-de-Mars.

» Cet ouvrage s'est ainsi trouvé profondément modifié selon nos conventions

» Nous devons rendre cette justice au directeur, qu'il nous a secondé de tout son pouvoir dans ce travail ingrat et difficile, qui consistait à donner à un ouvrage de cette importance un sens plus large, plus général et un caractère plus français.

» En conséquence, nous proposons l'autorisation. »

THÉATRE DES JEUNES ÉLÈVES.

« *Les deux dîners*, vaudeville en un acte.

» Paris, le 10 mai 1855.

» Le vieux Vincent et sa fille Pauline sont menacés, par leur propriétaire, de la saisie de leurs meubles et d'être mis à la rue, faute de dix francs pour compléter leur terme.

» ..... Nous avons fait remplacer le propriétaire par un usurier, et, moyennant cette modification opérée sur les manuscrits, nous proposons l'autorisation. »

On n'est vraiment pas plus délicat.

—

DIVERS.

« *Le vrai courage*, ou *Un duel en trois parties et une femme pour enjeu*, comédie en trois actes, par M. Glais-Bizoin.

« 21 décembre 1863.

» ..... Ces scènes où éclatent dans toute leur violence et leur brutalité les récriminations haineuses du socialisme contre l'ordre et la loi, et qui rappellent les plus mauvais jours des révolutions, nous paraissent inadmissibles. »

—

« *Les Echelons du mari,* vaudeville
en trois actes.

« 10 juin 1852.

» Le titre de ministre, donné au prince de Go-
ritz, amenait une série d'épigrammes et de plaisan-
teries qui ont paru avoir des inconvénients. Nous
avons fait supprimer dans tout le cours de la pièce
le mot de *ministre* et les allusions qui en étaient la
suite.

» Dans son état actuel, la pièce, quoique assez
vive, nous paraît pouvoir être autorisée, à la
charge des modifications opérées sur les manuscrits. »

ELDORADO.

« *La Marseillaise.*

» La pièce suivante est des plus curieuses :

» Palais des Tuileries, 13 avril 1870.

» Le directeur de l'Eldorado demande à faire
chanter *la Marseillaise* dans son établissement.

» On ne peut se dissimuler que cette autorisation

spéciale accordée entraîne une autorisation générale, et que presque instantanément, comme une
traînée de poudre, l'hymne célèbre va retentir sur
tous les théâtres et sur les innombrables scènes de
cafés-concerts qui pullulent dans Paris et dans les
faubourgs. Aussi est-ce à un point de vue général
que la question nous paraît devoir être examinée.

» Il y a deux choses dans *la Marseillaise : la
Marseillaise* telle qu'elle a existé, telle qu'elle est
encore, à ne prendre que le sens exact du texte ; *la
Marseillaise* telle qu'elle l'est devenue par l'interprétation haineuse des partis.

» *La Marseillaise*, si on ne veut voir que le chant
lui-même, si par l'esprit on se reporte dans le milieu qui l'a vu éclore, si on reste enfin dans la
sphère historique et artistique, *la Marseillaise* est
le chant français par excellence. C'est son rhythme
entraînant qui aujourd'hui encore pousse les
soldats à la victoire, comme en 92 il faisait voler
les enrôlés à la frontière. Ce caractère héroïque et
grandiose de l'œuvre est indiscutable. Malheureusement, *la Marseillaise* patriotique n'existe plus
pour les hurleurs de la rue, les passions des partis
en ont travesti le sens. *La Marseillaise* est devenue
le symbole de la révolution ; ce n'est plus le refrain

de l'indépendance nationale et de la liberté, c'est le chant de guerre de la démagogie, c'est l'hymne de la république la plus exaltée.

» Que la rue soit en mouvement, qu'une réunion publique fermente, qu'une barricade tente de se former, que l'atelier eu l'école s'agite, c'est le rugissement de *la Marseillaise* qui retentit. Les musiques militaires ne la jouent plus, les tribunaux condamnent les perturbateurs qui, dans la rue, font de ce chant un cri séditieux ; le plus irréconciliable des journaux s'arme de ce titre comme d'un défi à la paix publique ; à Londres, si les réfugiés du monde entier fêtent, à l'ombre du drapeau rouge, quelque éphéméride républicaine, c'est au refrain de *la Marseillaise* que se portent les toasts ; tout enfin, à Paris, en France, à l'étranger, a concouru à faire de ce chant, magnifique souvenir d'une des crises glorieuses de notre pays, le refrain le plus entraînant de la révolution européenne.

» Y a-t-il lieu de laisser chanter *la Marseillaise* ?

» Deux opinions se trouvent en présence.

» Des personnes pensent que le gouvernement, par l'autorisation générale, complète, hautement avouée et même patronnée, de *la Marseillaise*, enlèverait de suite au chant une partie de son caractère d'hostilité, et sans que cette habileté désarmât les fractions révolutionnaires, elle atténuerait, du moins instantanément, la valeur et la portée d'un de leurs moyens d'action. Le public, n'étant plus alléché par l'attrait du fruit défendu, envisagerait l'œuvre d'une façon plus calme et plus intelligente, et les impressions mêmes produites par la sauvage énergie du refrain se modifiant peu à peu, les uns cesseraient peut-être bientôt d'en faire un épouvantail, tandis que les autres, s'accoutumant à l'entendre, ne s'en troubleraient plus.

» D'autres personnes, au contraire. croient que, dans l'état actuel des esprits, l'exécution multipliée de *la Marseillaise* dans tous les lieux publics serait une cause nouvelle et dangereuse d'excitation. Son caractère, exclusivement révolutionnaire, est trop universellement connu et accepté aujourd'hui pour espérer que la générosité du gouvernement le modifie en rien. A voir de quel enthousiasme, vrai ou factice, sont accueillies les quelques mesures intercalées dans des chansons, on peut préjuger de l'effet produit par l'œuvre elle-même.

» Entre ces deux opinions, la commission d'examen penche pour la dernière, surtout dans les circonstances actuelles.

» Nous pensons qu'avec l'effervescence que les partis extrêmes entretiennent dans les classes ouvrières et dans la jeunesse, à la veille des réunions publiques et d'un vote qui vont remuer la France entière, *la Marseillaise* courant de salle en salle, de ville en ville, profitant de l'autorisation même pour déborder impunément dans la rue, ne peut être qu'un ferment révolutionnaire de plus. Nous craignons que cette cause, secondaire sans doute, mais assez vive pourtant de trouble et d'émotion, venant se joindre à toutes celles qui existent déjà, pour les entretenir et les aviver, ne desserve, au profit de l'agitation républicaine et socialiste, la cause de l'ordre et de la liberté.

» Telles sont les considérations que nous avons l'honneur de soumettre à l'appréciation de l'administration supérieure. »

On demande un mouchard et l'on va buter contre un honnête homme ! Qu'on l'éloigne.

Lettres de M. de Bouyn, capitaine de gendarmerie, au sujet d'ordres illégaux qui lui avaient été envoyés.

A SA MAJESTÉ L'EMPEREUR.

Paris, le 8 janvier 1857.

Sire,

Le capitaine de Bouyn (Frédéric) vous supplie de lui accorder la grâce de venir devant Votre Majesté pour lui faire connaître les mesures qui portent atteinte à la dignité d'une arme dont tous les actes doivent être publics et jamais de nature à détruire sa considération.

Le décret impérial du 1er mars 1854, art. 119, est ainsi conçu : « *Dans aucun cas, ni directement ni indirectement, la gendarmerie ne doit recevoir de missions occultes qui lui enlèvent son caractère véritable.* »

D'après des instructions que j'ai entre les mains, il m'a été ordonné de dire combien, dans mon arrondissement, il y a de légitimistes, orléanistes, républicains, socialistes, etc., de surveiller leurs démarches, allées et venues, *leurs relations, leurs faits et paroles*, les connaître et *les nommer*.

Tous mes subordonnés doivent être employés par moi à remplir cette mission et doivent me faire des rapports.

Dans d'autres circonstances, mes subordonnés ont dû, en exécution d'ordres qu'on m'avait laissé ignorer, employer tous les moyens pour assurer une candidature, empêcher celle d'une autre personne, quelque honorable qu'elle fût, malgré toutes les sympathies des populations et des autorités du pays, parce que, pour des motifs personnels, on préférait le premier. J'ai défendu à mes subordonnés d'exécuter ces ordres, qui étaient imprudents.

Toutes ces mesures ont un inconvénient plus grand que de déconsidérer une arme ; elles peuvent porter atteinte aux sympathies si justement acquises à Votre Majesté.

Un décret de vous, Sire, est un ordre suprême. Je dois obéir dans la sage mesure des dispositions qu'il trace, et non à ce qu'un zèle mal entendu peut y ajouter.

Vous avez voulu, Sire, que la gendarmerie veillât au repos public, qu'elle fît respecter la loi, qu'elle fût la protectrice de tous, qu'elle fût paternelle, mais redoutée seulement par les malfaiteurs. Rien dans sa manière d'être ne doit exciter de la méfiance, rien ne doit faire supposer que ses devoirs demandent mystères et ténèbres.

Le jour où devant moi tout le monde se tairait, ce jour-là je serais honteux de moi-même et me croirais déshonoré.

Il ne peut être de la compétence de la gendarmerie de chercher à pénétrer les tendances politiques de chacun. Elle ne doit pas abuser de la confiance qu'on peut avoir dans la dignité qu'on lui suppose.

Un officier qui profiterait de son accès dans le monde pour étudier les gens, pour les signaler, méconnaîtrait sa dignité et ses devoirs. Il arrive un jour où les malintentionnés se trahissent eux-mêmes, et c'est alors qu'ils se trouvent en face de la gendarmerie, toujours fidèle à sa mission, et d'autant plus prompte qu'elle ne coûte rien à sa délicatesse.

Je vous supplie, Sire, de m'accorder l'insigne honneur d'être admis devant Votre Majesté, non pas pour accuser qui que ce soit, mais pour vous faire connaître des faits dont les conséquences ont pour résultat de donner des rapports inexacts, d'indisposer les populations et de faire des ennemis à votre gouvernement.

Fils d'un ancien officier supérieur du premier empire, c'est vous-même qui m'avez placé la croix sur la poitrine et je m'en souviendrai toujours. Comme moi, mes deux frères sont dans l'armée, mais comme moi (je n'en doute pas) ils renonceraient à leur carrière, le jour où l'on exigerait d'eux quelque chose d'incompatible avec la délicatesse.

J'ai l'honneur d'être, avec un très-profond respect, Sire, de Votre Majesté, le très-humble et très-dévoué sujet.

Le capitaine de gendarmerie,
FRÉDÉRIC DE BOUYX.

Aurillac (Cantal).

RÉPONSE :

Cabinet de l'empereur.

Palais des Tuileries, le 22 janvier 1857.

Monsieur,

La première loi de la hiérarchie militaire est

d'exécuter sans commentaires, sans interprétation fâcheuse, les instructions transmises par ses supérieurs. Ce n'est donc pas sans une surprise extrême que l'empereur a reçu une demande d'audience pour discuter les ordres émanés de vos chefs. A l'avance même, vous leur donnez la qualification d'*occultes*, qui emporte toujours avec elle quelque chose d'odieux ; vous pouvez en recevoir de confidentiels, mais non d'occultes, de ténébreux. Aussi, loin de vous accorder l'entretien que vous sollicitez, Sa Majesté me charge de vous témoigner formellement toute sa désapprobation.

A M. Brouyn, capitaine de gendarmerie (Cantal).

Aurillac, le 5 février 1857.

Monsieur,

M. de Bouyn, capitaine de gendarmerie à Aurillac, et non *Brouyn*, à qui vous avez répondu, a adressé à Sa Majesté une supplique tendant à avoir l'honneur de l'entretenir d'une instruction du commandant de la compagnie de gendarmerie du Cantal qui lui enjoint, entre autres dispositions,

» de rechercher et de faire chercher par des chefs
» de brigade le nombre de légitimistes, orléa-
» nistes, républicains, socialistes, etc., surveil-
» ler leurs marches, *allées et venues, leurs rela-*
» *tions*, leurs faits et *paroles*, et de les *nommer* sur
» mon rapport toujours et toujours. »

En réponse à cette supplique, vous m'avez fait connaître le refus de Sa Majesté de m'entendre et son extrême surprise que je me permisse de discuter des ordres émanés d'un chef, et, à ce propos, vous me rappelez que la première loi de la hiérarchie militaire est d'exécuter sans commentaires les instructions transmises par un supérieur.

Permettez-moi, monsieur, d'avoir l'honneur de vous faire observer que l'ordre *dont je suis saisi* et dont je cite les termes, est trop clair, trop précis, trop impératif, pour être susceptible d'interprétation aléatoire quelconque ; il est une violation inintelligente et coupable de l'article 119 du *décret de l'empereur* du 1er mars 1854.

Je me suis refusé résolûment, à mes risques et périls, à y prêter mon concours, parce que j'y ai reconnu l'acte d'un zèle immesuré, d'une ambition mal déguisée, sans efficacité aucune, et pouvant avoir les plus graves inconvénients, par suite de son envoi dans tous les cantons d'un département ; un acte enfin contre lequel ma dignité d'officier, ma délicatesse, ma conscience se révoltaient.

Là j'ai vu la limite de la subordination militaire, qu'en deçà de ces graves motifs je reconnais, comme vous, pour la première loi de la hiérarchie militaire.

En dehors des mesures de police dont M. le commandant de la compagnie du Cantal a le *triste mérite de l'invention*, car il n'existe rien de semblable dans les autres légions, la gendarmerie a des devoirs importants et difficiles qu'elle sait remplir et qui ne sont pas incompatibles avec sa dignité et le premier rang qu'elle tient dans l'armée ; à ceux-là je n'ai jamais fait défaut, l'extrait de la lettre de M. le commandant de la compagnie de la Nièvre, par laquelle il m'annonce ma mise à l'ordre du jour de la légion, en fait foi :

Je m'empresse, avec le plus grand plaisir, de vous adresser l'ordre de la légion que M. le colonel a bien voulu donner sur mon rapport ; vous y trouverez, j'espère, la juste appréciation de votre zèle et de votre intelligence.

Signé : PINARD.

Puni d'un mois d'arrêts immérités, l'ordre de mon renvoi de la gendarmerie à la veille d'être décidé, j'ai eu le tort, dans cette pénible position, d'élever tout d'abord ma pensée d'espérance vers l'empereur.

Je le regrette vivement, puisque S. M. vous a chargé de me témoigner toute sa désapprobation ; j'aime encore à espérer pourtant que Sa Majesté verra dans cette démarche spontanée un juste témoignage de la confiance que tout ce qui tient à l'armée a dans sa haute justice et sa bienveillance, et qu'elle ne permettra pas que des sentiments d'honorable susceptibilité deviennent la cause de la perte de la carrière d'un officier qui compte vingt ans de service, chevalier de la Légion d'honneur quatorze ou quinze campagnes et qui est revenu de Crimée avec un pied brisé ; aimé, estimé et apprécié par un si grand nombre d'officiers ; de plus ayant deux frères au service (la belle-mère du plus jeune est la sœur de Mme la marquise de Mac-Mahon et la tante de M. le colonel des guides), mon renvoi de la gendarmerie pour avoir réclamé avec l'énergie que donne le bon droit contre une sévérité imméritée, pour n'avoir fait qu'invoquer le règlement contre des mesures de basse police auxquelles un commandant veut m'associer, tout cela produira un effet très-regrettable.

Après avoir été chargé de me porter, au nom de l'empereur, des reproches affligeants, je fais des vœux, Monsieur, pour que ces observations excitent chez vous quelque intérêt et vous décident à m'accorder votre interposition officieuse, afin qu'elles ne restent pas ignorées de Sa Majesté.

J'ai l'honneur d'être, avec un profond respect, Monsieur, votre très-humble et très-obéissant serviteur,

Le capitaine de gendarmerie d'Aurillac.
F. DE BOUYN.

On demande un drôle et on le trouve.

Le ministre de l'intérieur Pinard à M. Conti, secrétaire de l'empereur.

Paris, le 4 juin 1868.

Mon cher ami,

Vous connaissez, au moins de réputation, *Ganesco.*

Il y a deux courants au *Nain jaune*. Ganesco, malgré son passé ou au moins sa réputation, m'a promis de devenir le bon et d'absorber l'autre.

Il m'apporte un article où il a si noblement parlé de notre empereur, que je tiens à vous l'envoyer. Vous connaissez si bien la corde sensible du journaliste, que vous me pardonnerez cet envoi de nature à encourager ce *pécheur* qui semble revenir.

Cet article, hier, a frappé beaucoup de monde.

Montrez-le *au moins à Piétri*, auquel j'avais expliqué, ainsi qu'à l'empereur, les motifs qui m'avaient fait rendre la voie publique au journal.

Il n'y a, bien entendu, que le passage relatif à l'empereur que j'approuve dans l'article.

Excusez ma lettre, et tout à vous.

PINARD.

M. Grégory Ganesco à M. Conti.

Paris, le 30 janvier 1870.

Monsieur le sénateur,

Je viens de me faire l'insigne honneur d'adresser quelques lettres à l'empereur, en y joignant l'article ci-inclus.

Il entrera dans vos convenances, vos droits et vos devoirs, de placer sous les yeux de Sa Majesté les paragraphes de mon travail que vous jugerez dignes de son attention.

Je voudrais me tromper, ah! oui, je le voudrais! Mais je crains qu'avant peu, sur la terre d'exil, je n'aie la douleur de vous rappeler et l'article d'hier soir du *Parlement* et cette lettre...

Ce n'est pas le dépit de n'avoir pas ma part des places et des faveurs qui se distribuent, ce n'est pas même le chagrin de me voir privé de la moindre parcelle de cette justice, qui est due à mes longues études politiques et à ma toute politique éducation.

Ce sont mes sentiments pour l'empereur, et ma reconnaissance plus grande que je ne devais le dire dans l'article *La chute de l'empire;* ce sont ces sentiments qui m'ont mis la plume à la main.

Ne vous laissez pas dire, monsieur le sénateur, que ma ligne de conduite dans un journal, que le public comble de ses faveurs, embarrasse le gouvernement. Personne, plus sincèrement et plus virilement que moi, ne soutient M. Émile Ollivier et *quelques-uns de ses collègues.* Ce que j'embarrasse, ce que j'espère embarrasser de plus en plus, c'est la marche de la conspiration orléaniste.

Il est vrai que rarement je monte à la tribune dans une réunion publique (et j'y monte au moins trois fois par semaine) sans qu'un émissaire orléaniste ne soit là, flanqué de quelques irréconciliables, pour se rendre compte du mal que je pourrais faire, à la tribune du Corps législatif, aux adversaires de l'empire; pour se rendre compte aussi de la différence de mon talent de parole et de celui que le favori exclusif du prince, M. Duvernois, prodigue à la tribune de la Chambre des représentants.

Il est vrai aussi que l'état-major orléaniste lit le *Parlement* avec une attention qu'aux Tuileries on n'a pas le temps de lui accorder. Il est vrai enfin que le gouvernement impérial aide singulièrement les orléanistes à m'empêcher de rendre quelques services à l'empire.

Le ministre de l'intérieur, M. Chevandier de Valdrôme, m'a tout récemment exprimé de très-chauds remercîments, à propos de l'attitude du *Parlement* en présence des événements qui ont suivi le malheur d'Auteuil. De leur côté, pendant une ou deux nuits, quelques troupes de naïfs émeu-

tiers sont venus contempler les bureaux du *Parlement.*

J'ai attaché autant d'importance aux remercîments de M. Chevandier qu'à la démonstration des
émeutiers : les derniers ne m'ont fait aucun bien,
et tels des collègues de M. Chevandier obtiennent
déjà de lui de me faire du mal. C'est logique, c'est
politique : *je défends l'empire contre l'orléanisme !*
Enfin !

Excusez, monsieur le sénateur, cette lettre trop
longue et trop sincère ; je ne me permettrai pas de
vous importuner d'une seconde.

Je suis, avec le plus profond respect, votre humble et dévoué serviteur.

GRÉGORY GANESCO.

———

M. Grégory Ganesco à Napoléon III.

Sire,

Je n'ai pas à craindre de troubler Votre Majesté
dans ses impressions électorales.

Alors même que les résultats du scrutin n'eussent
pas été satisfaisants, je sais que rien n'ébranlerait

ce calme superbe où reposent la force et la sagesse de l'empereur.

Permettez-moi donc, Sire, de vous donner, non au point de vue de mon humble personnalité, dont je n'aurai garde d'entretenir Votre Majesté, mais au point de vue politique, quelques explications sur ma candidature législative.

Du jour où, contrairement à mes attentes, le gouvernement présentait un candidat dans la troisième circonscription de Seine-et-Oise, j'ai compris qu'il fallait ou retirer ma candidature, ou me résigner au rôle d'agent électoral.

Retirer ma candidature, c'eût été laisser le champ libre à MM. Portalis et Say, qui épuisaient dans chaque commune le vocabulaire accusateur du libéralisme orléaniste, et à M. Peigné-Crémieux, qui prêchait des lieux communs révolutionnaires sous l'égide de Danton.

C'eût été encore infliger aux populations le spectacle d'une opposition haineuse accablant le présent et n'ayant personne en face d'elle pour lui rappeler le passé.

Me résigner au rôle d'agent électoral, c'était enterrer ma candidature, mais c'était faire vivre la candidature officielle ; faire vivre cette dernière par l'impression que cent trente discours improvisés pendant dix-sept jours devaient laisser dans l'esprit des populations par la vibration patriotique que l'âme populaire, si intimement attachée aux Napoléons, a ressentie devant un jeune homme qui, quoique en butte aux tracasseries des agents de l'administration, ne cédait pas un pouce de terrain aux partisans des dynasties déchues.

C'est ainsi que j'ai fortifié, Sire, les amis du gouvernement dans leur habitude à suivre le gouvernement dans ses choix, et que je me suis attiré toutes les haines des ennemis de l'empire, en même temps que je m'exposais à toutes leurs manœuvres.

J'étais devenu l'ennemi commun.

Vos ennemis, Sire, estimaient, la veille même du scrutin, que l'honorable M. Rendu n'aurait pas plus de 400 voix et que j'en aurais 10,000.

J'étais peut-être seul dans la circonscription de Pontoise à ne pas partager cette croyance.

Mais aujourd'hui je ne serai pas seul à penser que mon concours, le sacrifice de moi-même ont été utiles à la cause du pays et de l'empereur.

Sire, toute génération arrivée en silence s'éprend subitement de passion pour le tumulte. Pour une pareille situation nouvelle à larges et multiples proportions, Votre Majesté appréciera si ma plume et ma parole, mon dévouement et mon expérience des choses de la politique peuvent être de quelque utilité.

Je suis aux ordres de l'empereur.

Je suis toujours, Sire, de Votre Majesté, l'humble, obéissant, dévoué et fidèle serviteur et sujet.

GRÉGORY GANESCO.

Note instructive sur la presse vénale.

Elle est d'un chef de bureau du ministère de l'intérieur, division de la presse.

15 avril 1869.

PRESSE DÉPARTEMENTALE.

Un dossier a été fait pour chaque département. Le préfet a été consulté sur toutes les questions d'ensemble et de détail; on a contrôlé ses réponses avec les renseignements fournis par les informations du bureau, les déclarations des députés et la lecture quotidienne de la presse locale.

Tous ces dossiers sont en ordre et complets, et

le service est en mesure de présenter au ministre, à toute réquisition, la situation de la presse dans chaque département.

A la suite de ces correspondances, il a été adopté quatre ordres de mesures variant d'après les circonscriptions :

1° Subventions destinées à assurer, soit l'existence, soit le dévouement des journaux;

2° Subventions destinées à accroître leur publicité, c'est-à-dire à envoyer des numéros gratuits pendant la période électorale, pour contre-balancer le même système que l'opposition a adopté dans une large proportion;

3° Subventions destinées à renforcer la rédaction au moyen de l'adjonction de rédacteurs nouveaux;

4° Choix et envoi de rédacteurs, soit aux frais des candidats, soit à ceux des propriétaires des journaux.

Ce système, qui répond aux exigences de la situation signalée par les préfets, a immédiatement reçu un commencement d'application proportionnel aux ressources dont disposait le service.

Pour ménager le plus possible ces ressources, une entente a été établie avec les préfets, les propriétaires des journaux, les députés et les candidats.

Grâce aux sacrifices qu'on a obtenus d'eux et à quelques légères subventions prélevées sur la réserve de 50,000 fr., on a pu assurer dans les départements la réorganisation de 27 journaux et renforcer leur rédaction avec trente-trois *écrivains* envoyés de Paris. Un tableau ci-annexé donne le détail de ces résultats.

Ce tableau a ceci de remarquable que le Bas-Rhin (9,000 fr.), la Côte-d'Or (6,000 fr.) et les Bouches-du-Rhône (5,000 fr.) ont absorbé à eux trois 20,000 fr. sur les 34,000 fr. dépensés.

Les 24 autres journaux ont donc été pourvus avec 14,000 fr. seulement, plus le concours des députés et des candidats.

Correspondance.

On ne pouvait se borner cependant à limiter l'action de l'administration uniquement aux journaux dévoués. Il était essentiel de s'assurer une influence indirecte sur les feuilles d'opposition.

Les moyens de les atteindre se réduisent à deux : s'assurer dans une proportion pratique du concours de quelques correspondants départementaux ; user de l'espèce de monopole acquis à la maison Havas pour la dépêche télégraphique, dont elle fait le service dans tous les départements, et également pour les journaux de toutes les opinions.

Sur le premier point, en dehors de la correspondance Pharaon, une sorte de compromis a été conclu avec la correspondance Cahot qui sert vingt-sept journaux en général du tiers-parti. M. Cahot viendra chaque jour, pendant la période électorale, prendre les indications du ministère. Il s'est engagé à introduire dans ses envois aux journaux tout ce qui sera compatible avec leur ligne politique, sans découvrir ses relations gouvernementales.

La correspondance Havas est de tout temps en relations quotidiennes avec le ministère. Chaque fois qu'un démenti ou une rectification ou une nouvelle utile doit être mise en circulation à bref délai, elle la condense sous la forme télégraphique et la répand dans toute la France. On s'est entendu avec elle pour que ce service atteigne au plus haut degré d'intensité et remplace toutes les communications qu'on ne jugera pas utile de faire directement.

On peut juger de l'importance capitale de ce moyen de publicité rapide, par ce fait que M. Havas sert trois cent sept journaux.

Enfin, toutes les fois que cela est jugé nécessaire,

notes et correspondances trouvent place dans le *Journal du Nord*. Le service néglige de mentionner les autres relations établies avec les feuilles allemandes et anglaises, leur intérêt étant pécuniaire pendant la période à traverser. Ces relations s'étendent à près de vingt journaux, dont plusieurs de premier ordre.

PRESSE PARISIENNE.

L'action de la presse locale assurée, il y avait lieu de se préocuper sérieusement du rôle que la presse de Paris s'efforce de jouer dans les départements.

Pour bien constater les faits matériels, on a eu recours à la statistique ; on a demandé aux préfets un état de tous les journaux de Paris qui pénètrent dans chaque arrondissement. Cet état, qui n'avait jamais été dressé, a révélé que, déduction faite du *Journal officiel*, le chiffre des abonnés aux journaux de l'opposition dépasse de beaucoup celui des abonnés aux journaux du gouvernement.

Le tableau dressé, en révélant le chiffre considérable d'exemplaires du *Petit Journal officiel* qui pénètrent dans les départements, démontre en même temps l'extrême importance qu'il y aurait à se servir de ce puissant instrument de publicité. Il a déjà été convenu avec le ministère d'État qu'une place serait réservée dans le *Petit Journal officiel* à une sorte de compte-rendu des faits électoraux. On en usera, il est vrai, avec toute la discrétion qu'exige le caractère de ce journal ; mais c'est un auxiliaire qu'il n'est pas permis de négliger. On avait pensé qu'il serait possible d'y joindre, dans une certaine mesure, le *Moniteur des communes*. L'avantage qu'il a d'être placardé peut le rendre utile, et une note à ce sujet a déjà été remise au ministre.

A côté de la publicité officielle, le plan d'action devait naturellement embrasser tous les moyens d'action sur l'opinion publique.

Le *Petit Journal,* qui se tire à 250,000 exemplaires, n'est pas politique, il est vrai, mais il pénètre dans les classes populaires. M. Millaud, son directeur, d'accord avec le service de la presse, a commencé à publier un certain nombre de portraits personnels des ministres, des membres principaux de la majorité. Ces portraits, très-habilement faits, côtoient la politique sans l'aborder. Ce journal prépare, en outre, la publication d'un roman militaire du premier empire, conçu dans un sens opposé aux déclamations et aux romans politiques de l'opposition dirigés contre l'armée. Ce roman doit nous être donné par le cabinet de l'empereur. Enfin M. Millaud étudie les moyens de donner les lithographies des divers candidats à un prix des plus minimes. Nous les ferons répandre par le moyen du colportage qui est également organisé et qui vend en ce moment, sans débours pour le ministère, la lettre de l'empereur au ministre d'État, avec un tirage de près de 100 mille exemplaires.

Aucun de ces moyens de propagande populaire, non plus que toutes les publications qui pourront paraître utiles, celles sur les réunions publiques, par exemple, ne sera donc négligé ; mais à ces auxiliaires il convient d'ajouter les feuilles de polémique pour soutenir la discussion quotidienne, et le choix s'est porté sur le *Peuple* et la *Patrie*.

Ces deux journaux se sont engagés à réserver chaque jour une place importante à la chronique électorale des départements. Cette chronique sera alimentée par les soins du ministère, qui fournira les renseignements et les articles ; un groupe de rédacteurs, composé dès à présent de MM. Béhaghel, Vitu, et éventuellement de MM. Aurélien

Scholl et Adrien Marx, seront chargés de mettre en œuvre les éléments qui leur seront confiés.

Une circulaire a été adressée à cet égard aux préfets pour réclamer d'eux l'envoi régulier de ces informations. La rédaction se trouve ainsi constituée à Paris.

Restaient les voies et les moyens de publicité.

Une autre circulaire a été également adressée aux préfets pour préparer l'envoi des exemplaires gratuits des journaux de Paris ; sur la demande qui leur a été faite, ils ont dressé pour chaque arrondissement la liste des personnes ou des établissements auxquels ces distributions leur ont paru pouvoir être utilement envoyées. Par ce système, les exemplaires partiront directement des bureaux de chaque journal, et le ministère ni la préfecture n'apparaîtront auprès du public. C'est là exactement le procédé de l'opposition, et il a l'avantage de dégager le gouvernement.

La plupart de ces listes sont déjà parvenues, et l'on a commencé à en faire usage dans les départements de Seine-et-Oise et Seine-et-Marne.

Quel est maintenant le chiffre des journaux. Le *Peuple*, dont le bon marché facilite l'achat, offre d'envoyer du 1er mai au 1er juin 18,000 exemplaires par jour, aux adresses indiquées, moyennant 60,000 francs.

La *Patrie*, avec laquelle il n'est pas nécessaire de faire un autre accord qu'un accord politique, enverra le nombre d'exemplaires qu'on lui demandera, sous une forme intermittente et suivant les besoins de la polémique, moyennant 125 fr. le mille. La différence de prix avec le *Peuple* est considérable, et c'est pour cette raison qu'on a principalement traité avec le premier journal.

L'action toujours si difficile sur la presse parisienne, action qui s'appuie avant tout sur les bons rapports, a besoin d'une sanction, et cette sanction, c'est la certitude que le gouvernement est disposé à faire des sacrifices en faveur de ceux qui le servent. L'idée d'un concours matériel ajoute beaucoup, par le temps qui court, à l'influence morale, et bien des défections et des désertions peuvent être évitées en donnant satisfaction à quelques intérêts ou à quelques besoins personnels.

Si cette dernière assertion avait besoin de confirmation, on en trouverait la preuve dans l'accord même qui a été conclu avec le *Figaro*. Cet accord, dont le ministre lui-même a suivi et dirigé toutes les phases, promet de donner des résultats utiles.

Il a été, comme le sait Son Excellence, une des préoccupations importantes du service, et l'attitude des écrivains qui dirigent ce journal est telle, qu'il était à peine permis de l'espérer.

Avec la *France*, le *Peuple*, la *Patrie*, le *Messager de Paris*, le *Constitutionnel*, le *Public*, le *Pays* et le *Dix-Décembre*, le gouvernement se présente aux élections à la tête d'un grand nombre d'organes, divers par l'esprit qui les anime et par l'influence qu'ils exercent, mais tous attachés fermement aux principes dynastiques. Des relations quotidiennes sont entretenues avec eux; chaque jour, huit ou dix rédacteurs viennent prendre des instructions au ministère, et pendant la période électorale le service se déclare en mesure de faire publier chaque jour à Paris, aussi bien que dans les départements, tout ce qui pourra convenir au ministre. Les instruments sont prêts; ils obéiront sans peine à une impulsion supérieure.

IV

CORRUPTIONS, SCANDALES PUBLICS
ET INTIMES.

On n'a pas oublié la déplorable campagne du Mexique, et, à l'époque où elle fut entreprise, le nom de M. Jecker fut fréquemment prononcé. Une lettre de ce personnage a été trouvée dans les papiers secrets. Elle est adressée à M. Conti, secrétaire de l'empereur, et précisebien le rôle que joua alors le gouvernement.

Voici cette lettre :

Lettre de M. Jecker à M. Conti.

« Paris, le 8 décembre 1869.

» Monsieur, ne trouvez pas étrange que je m'adresse à vous de préférence, ayant à vous entretenir d'une affaire qui regarde particulièrement l'empereur.

» Vous aurez assez entendu parler de mon affaire des bons pour la connaître un peu. Eh bien, je trouve que le gouvernement la considère avec trop d'indifférence, et que, s'il n'y fait pas attention, elle pourrait amener des suites fâcheuses pour l'empereur.

» Vous ignorez sans doute que j'avais pour associé dans cette affaire M. le duc de Morny, qui s'était engagé, moyennant 30 p. c. des bénéfices de cette affaire, à la faire respecter et payer par le gouvernement mexicain, comme elle avait été faite dès le principe. Il y a là-dessus une correspondance volumineuse d'échangée avec son agent, M. de Marpon.

» En janvier 1861, on est venu me trouver de la part de ces messieurs pour traiter cette affaire.

» Cet arrangement s'est fait lorsque ma maison était déjà en liquidation, de sorte que tout ce qui la regarde appartient exclusivement à celle-ci.

» Aussitôt que cet arrangement fut conclu, je fus parfaitement soutenu par le gouvernement français et la légation au Mexique. Celle-ci avait même assuré à mes créanciers, au nom de la

France, qu'ils seraient entièrement payés, et avait passé des notes très-fortes au gouvernement mexicain sur l'accomplissement de mon contrat avec lui, au point que l'ultimatum de 1862 exigeait l'exécution pure et simple des décrets. Depuis cette époque, j'ai été constamment exposé à la haine du parti exalté, qui m'a jeté en prison, ensuite m'a banni, me confisquant mes biens.

» L'affaire en resta là jusqu'à l'occupation du Mexique par les Français. Sous l'empire de Maximilien, et aux instances du gouvernement français, on s'occupa de nouveau du règlement de mon affaire. En août 1863, je parvins, aidé des agents français, à faire une transaction avec le gouvernement mexicain.

» A la même époque, M. le duc de Morny vint à mourir, de sorte que la protection éclatante que le gouvernement français m'avait accordée cessa complétement...

» Le ministère des finances français permit bien qu'on payât les premières traites que le gouvernement mexicain m'avait données sur Paris pour couvrir une partie de ce qu'on me devait, mais les agents français au Mexique s'opposèrent, d'après les instructions qu'ils avaient reçues, à ce qu'on me délivrât les traites pour 10 millions de francs, solde de ma transaction, malgré que j'en eusse parfaitement rempli les conditions, et que le gouvernement mexicain était disposé à me payer, se trouvant avoir à Paris, à cette époque, plus de 30 millions de francs.

» Comme le gouvernement français avait déclaré, dans les Chambres, qu'il s'était opposé à l'exécution de ce contrat, et qu'il s'était appliqué ce qu'on aurait dû me payer, je fus obligé, comme liquidateur de ma maison, et après avoir épuisé les voies de conciliation, de lui intenter un procès devant le conseil d'État. Malheureusement cette démarche n'a eu aucun résultat, car ce tribunal vient de se déclarer incompétent, d'après l'indication que m'en a faite le ministre des finances dans sa défense.

» J'étais aussi un des plus forts indemnitaires mexicains. La commission mixte établie à Mexico m'avait reconnu une somme de 6 millions de francs environ, qui a été réduite par celle-ci à 500,000 fr. à peu près. Je suis en instance pour la différence auprès du ministre des affaires étrangères, qui n'a pas encore daigné me répondre là-dessus. Mais, à l'avance, je m'attends à la réponse négative que m'a donnée le ministre des finances pour l'affaire des bons.»

» Quelques créanciers, voyant que je n'obtenais rien du gouvernement pour mes principales réclamations, ont mis saisie-arrêt, à la caisse des dépôts et consignations, sur ce que j'ai à recevoir de ces 500,000 francs, de sorte que je n'ai pu disposer que d'une faible somme pour les besoins pressants de ma maison.

» Complétement ruiné par suite de l'expédition du Mexique, n'ayant plus rien à faire ici et ne pouvant rien y faire, je suis obligé de retourner là-bas pour rendre compte à mes créanciers de ma gestion.

» Malgré que je n'aie rien négligé pour tâcher de payer la totalité de ce que je leur dois, comme je n'ai pu y parvenir par suite de circonstances extraordinaires qu'il m'a été impossible d'éviter, ils ne tiendront pas compte des sacrifices énormes que j'ai faits pour y arriver et me traiteront sans considération aucune.

» Ils voudront savoir le motif qui avait porté, en 1861, M. de Saligny, alors ministre au Mexique, à leur promettre au nom de la France qu'ils seraient payés de ce que ma maison leur devait, et pourquoi, en 1863, cette protection extraordinaire m'a été si brusquement retirée par le gouvernement français.

» Quoique, jusqu'à présent, j'aie gardé le plus grand secret sur cette affaire, malgré qu'on m'ait fortement engagé à la publier, je serai obligé de me défendre pour ne pas me voir jeté en prison pour dettes ; je suis forcé de dire à mes créanciers ce qui s'est passé, en leur délivrant tout ce que j'ai là-dessus, qu'ils me réclameront comme appartenant à la liquidation. Le gouvernement mexicain sera enchanté de connaître cette affaire à fond pour sa conduite ultérieure avec la France.

» Je prévois bien l'effet qu'une confession semblable produira dans le public, et le mauvais jour qu'elle jettera sur le gouvernement de l'empereur, surtout dans les circonstances critiques où nous vivons ; mais je ne puis l'éviter, à moins qu'on ne me facilite les moyens de faire une proposition à mes créanciers en les empêchant, par ce moyen, d'exiger que je leur rende compte de ma liquidation. Cela me serait d'autant plus facile que, parmi les propriétés que le gouvernement mexicain n'a pu saisir, à cause de l'intervention de nos créanciers, qui ont réclamé comme appartenant à la liquidation de ma maison ce qui est sa propriété, elle possède encore des mines et des forges qu'elle n'a pu exploiter dernièrement à cause de la pénurie où elle se trouve, mais qui, avec des fonds suffisants, laisseraient de beaux bénéfices et seraient à même de couvrir ce qu'elle doit, surtout à présent qu'on vient de perfectionner en Allemagne des appareils à concentrer le minerai qui permettraient de réduire le cuivre, qui est toujours trèsabondant, et d'en retirer des bénéfices qu'elles n'auraient pas pu donner autrefois, avec l'ancien système employé au Mexique.

» Ne doutant pas que, dans l'intérèt que vous portez à l'empereur, vous n'ayez l'obligeance de lui faire part de ces justes observations, je vous prie, monsieur, d'agréer l'assurance de ma considération distinguée.

» J.-B. JECKER. »

On mendiait bien dans la famille !

Lettres de Pierre Bonaparte à Napoléon.

N° 1.

Sire,

Je ne puis que m'incliner devant les décisions de Votre Majesté, mais elle me permettra de *lui observer* que mes enfants cesseraient *d'être naturels du moment que je les légitimerais*. Il n'entrait pas dans mes intentions immédiates d'épouser leur mère; mais comme il n'y aurait pas moyen de les légitimer, je serais disposé à l'employer. Je viens donc demander à Votre Majesté l'autorisation que le statut du 21 juin 1853 rend nécessaire, et je fais encore un appel à votre bon cœur, Sire, et à votre esprit d'équité.

Qu'il me soit permis d'exprimer une pénible réflexion. Par le fait, la situation exceptionnelle que le statut impose aux membres de la famille de l'empereur me place dans une espèce d'interdiction des droits civils et politiques. Si on veut me nommer député, Votre Majesté s'y oppose. Je suis frappé d'une sorte d'inhabilité, de non-participa-

tion forcée, au service du pays et de Votre Majesté.
L'accomplissement des vœux les plus légitimes,
des devoirs les plus sacrés, paraît rencontrer des
obstacles. Et tout cela, certainement, sans aucune
compensation.

Poser ces questions, c'est être convaincu qu'elles
seront prises en considération, si l'opinion que j'ai
toujours eue de la grandeur d'âme de Votre Majesté ne me fait pas défaut.

Je prie Votre Majesté d'agréer le nouvel hommage de mon profond respect et de mon attachement inviolable.

De Votre Majesté, Sire, le très-dévoué cousin.

PIERRE-NAPOLÉON BONAPARTE.

Paris, le 19 mars 1867.

N° 2.

Sire,

Ma réponse à la lettre de Votre Majesté a été dictée
par un sentiment auquel je ne puis faillir. Depuis
lors, la situation que j'ai pris la confiance d'es-

quisser s'est encore accentuée par une circonstance qui m'oblige à renoncer définitivement à la Corse. M. le ministre de l'intérieur, sollicité par M. Benedetti, a nommé un parent de celui-ci sous-préfet de Calvi, arrondissement de ma résidence. Le bon accueil fait par Votre Majesté à ma demande en faveur du docteur Bartoli a été inutile.

Frustré de tout crédit, de toute partipation aux affaires, de toute chance d'améliorer mon état, j'espère que Votre Majesté voudra me venir en aide. Si vous vouliez, sire, m'acheter ma propriété de Corse, je pourrais compléter mon modeste établissement des Ardennes. Cette propriété de Corse serait très-bien située pour y établir une ferme-modèle, *une caserne de gendarmerie* ou toute autre fondation administrative. Je devrai la mettre en vente et je n'espère pas en retirer grand'chose, à moins que Votre Majesté n'agrée ma proposition. Ce serait un bienfait que je n'oublierais jamais. De Votre Majesté, le dévoué cousin.

PIERRE-NAPOLÉON BONAPARTE.

Paris, 25 mars 1867.

Lettre de Napoléon à Pierre Bonaparte.

N° 1.

(L'original trouvé en brouillon est de la main de M. Conti.)

Je ne puis, quoi qu'il m'en coûte, accueillir favorablement vos nouvelles demandes. Les considérations qui s'opposent à la reconnaissance de vos enfants font également obstacle à l'union que vous désirez contracter. *Quand on a l'honneur de porter votre nom*, il est des convenances dont il faut avoir le respect. La gêne qu'elles imposent n'est, après tout, que la faible compensation d'avantages partout enviés et auxquels, je suppose, vous ne voudriez pas renoncer.

Je regrette de ne pouvoir pas non plus me rendre acquéreur des biens que vous possédez en Corse et dont vous désirez vous défaire. Ces propriétés ne sauraient recevoir aucune destination utile et me seraient à charge. Mon budget est trop grevé pour que je m'impose de pareils sacrifices.

NAPOLÉON.

Lettre de Pierre Bonaparte à Napoléon.

N° 3.

Sire,

Je ne puis laisser sans réplique la lettre d'hier de Votre Majesté. Je crois fermement qu'il y aurait plus d'inconvenance à faillir au devoir sacré de reconnaître mes enfants qu'à contracter un mariage avec leur mère, d'une conduite irréprochable. Si c'est d'une mésalliance que Votre Majesté veut parler, elle serait moindre, eu égard surtout aux positions respectives, *que d'autres mésalliances contractées dans la famille.*

Je ne saisis pas bien quels sont les avantages que Votre Majesté dit partout enviés. S'il s'agit de titres qui ne sont pas même ceux qui me seraient dus sous l'empire, et que n'accompagne pas d'ailleurs la situation d'usage, je n'y tiens guère et j'en ai voté la suppression quand j'avais l'honneur de siéger à l'Assemblée nationale constituante. S'il s'agit de mon nom, je ne le dois qu'à ma naissance, à mon père, qui, certes, ne m'a pas donné l'exemple de la défection aux sentiments qui m'inspirent.

S'il s'agit enfin de l'allocation que Votre Majesté m'octroie, elle ne représente qu'une très-faible partie des biens dons les Bourbons nous ont frustrés *par une spoliation inique*, pour me servir des propres expressions de Votre Majesté dans un document officiel que j'ai entre les mains.

Pour me résumer, Sire, je ne faillirai pas, coûte que coûte, à mes devoirs paternels, et, s'il le faut, je saurai, moi qui, pendant quatre ans passés à la représentation nationale, n'ai pas déposé un vote, un seul vote contraire à la liberté des autres, reprendre la route de l'exil et demander plus d'équité à un peuple libre.

Je n'en suis pas moins, avec respect, Sire, de Votre Majesté, le très-humble et très-obéissant serviteur.

Pierre-Napoléon Bonaparte.

Paris, 25 avril 1867.

———

N° 4.

Sire,

J'ai dû entretenir de ma situation Mgr l'archevêque de Paris, et ce digne prélat désire en parler à Votre Majesté. Je viens vous prier, Sire, de vouloir bien l'entendre et d'agréer l'hommage de mon respectueux attachement.

Pierre-Napoléon Bonaparte.

Paris, 25 avril 1867.

——

Lettre de M. Achille Murat à Napoléon.

Une note donnant un total des sommes versées au prince Achille Murat était attachée à l'original de cette lettre. Nous la reproduisons plus loin.

« Sire,

» Je m'empresse d'informer Votre Majesté de mon retour à Paris, où j'ai été contraint de revenir, appelé par mes affaires. Je viens donc me mettre aux ordres de Votre Majesté, l'assurant que je n'ai rien de plus à cœur que de lui prouver mon sincère désir de m'y conformer entièrement.

» Après huit mois de séjour au Caucase, Sire, je suis revenu pour rejoindre en Afrique le nouveau régiment dans lequel, à la demande de mon frère,

Votre Majesté a daigné me placer, persuadé que les arrangements faits pendant mon absence me permettraient de reprendre mon service et d'effacer alors, par ma conduite, de l'esprit de Votre Majesté, mes fautes passées.

» Malheureusement, Sire, rien ou presque rien n'est changé dans ma triste situation. Jusqu'à présent, les fonds employés ont servi à éteindre à peine les dettes contractées sur parole, celles dans lesquelles *l'honneur de mon nom* était engagé, de sorte que tous les ennuis, tout le scandale dont j'étais menacé avant mon départ me menacent encore.

» En Afrique comme à Paris, ma présence va réveiller l'acharnement de mes créanciers : j'y serai poursuivi, traqué, saisi, exposé tous les jours à des réclamations incessantes, menaçantes, dont la malveillance ne manquera pas de s'emparer, et Votre Majesté est trop juste pour vouloir que, dans de telles conditions, j'aille rejoindre mon régiment, dans lequel toute la déconsidération dont je serais entouré m'enlèverait l'estime de mes camarades et rendrait mon existence et mon service, au milieu d'eux, complétement impossibles.

» Je n'ose supplier Votre Majesté de vouloir

bien me permettre d'aller lui soumettre en quelques mots ma situation *véritable,* et les moyens d'en aplanir les difficultés, car la situation qu'on lui a présentée a été très-exagérée, j'ignore dans quel but ; mais je la supplie de croire et d'être persuadée que je tiens avant tout à reconquérir son affection, et que pour y parvenir je suis prêt à faire tout ce qui est dans mon pouvoir.

» De Votre Majesté le très-obéissant neveu et sujet.

» Achille Murat.

» 50 septembre 1869. »

En marge, au crayon, de la main de Napoléon :

Refus. — L'empereur ne veut pas se mêler de ces affaires.

Pourtant, on coûtait assez cher.

Tableau des sommes et subventions allouées sur la liste civile à la famille Bonaparte.

—

§ 1. — FAMILLE JÉRÔME BONAPARTE.

1. Le prince Jérôme Bonaparte, gouverneur général des Invalides (1848), maréchal (1850), président du Sénat (1851), prince français, pourvu d'une maison militaire, mort le 24 juin 1860.

Don du 1er avril 1852 : 2 millions, payables avec intérêts à cinq pour cent par 50,000 fr. mensuels.	2,170,833 35
Allocation annuelle : 100,000 francs (× 8)	800,000 »
Maréchal, sénateur, 60,000 fr. (× 8). .	480,000 »
Obsèques du prince Jérôme.	180,486 31
Total (sans compter la dotation). . .	3,631,319 66

2. Le prince Napoléon, prince français (1850), 23,000 fr. . . . .   23,000 »

Par crédit supplémentaire, inscrit au chapitre 32 du budget de la liste civile (1861), 164,205 fr. 35 c. 164,205 35

Frais du mariage du prince Napoléon. 859,739 93

Total, sans compter la dotation et la subvention pour le Palais-Royal et Meudon. 1,046,945 28

3. La princesse Mathilde, princesse française. Son traitement est compris dans la dotation.

3 *bis*. M. Jérôme Bonaparte fils (Patterson), 30,000 fr. par an (nous ignorons pendant combien d'années).

Dotation de la famille J. B. ; subvention pour le Palais - Royal et Meudon : 1,800,000 fr., durant dix-huit années au moins . . . . 32,000,000 »

La famille Bonaparte Jérôme a donc touché pendant la durée de l'empire, 37 millions environ. . . . . 37,000,000 »

§ 2. — FAMILLE BACIOCCHI.

La comtesse Baciocchi (comtesse Camerata), morte en 1869, à peine solvable, en France ; le prince impérial est son légataire universel.

Don du 1er avril 1852 : 1 million, payable avec intérèts à 5 p. c. par 25,000 fr. mensuels 1,085,416 55

Subvention annuelle (le 15 décembre 1852) : 150,000 fr. pendant seize ans au moins. . . . .   2,240,000 »

Avances sur la subvention : 31 décembre 1852, 150,000 fr. ; 3 mars 1853, 100,000 fr. ; 4 mai 1859, 100,000 fr.

Rente viagère pour le rachat du majorat de Bologne, 100,000 fr. . . . . . .   1,500,000 »

Pour l'acquisition des Landes de Grandchamps (1858-59), 170,000 fr. . .   170,000 »

Acquisition d'un hôtel à Rennes (1860)   74,750 »

Ameublement de divers domiciles : de 8,000 à 10,000 fr. mensuels durant plusieurs années, domaine de Kornier-Houet, construction de l'église de Colpo (Bretagne). . . . .   200,000 »

Crédit supplémentaire (1861). . . .   76,666 65

Mars 1864. . . . .   20,000 »

Frais de la succession de Mme Baciocchi.   717,191 »

La princesse Baciocchi a donc touché pendant la durée de l'empire au moins 6 millions. . . . .   6,244,624 »

§ 5. — FAMILLE LUCIEN BONAPARTE.

1. La princesse veuve Lucien Bonaparte, douairière de Canino, morte en 1855.

Subvention annuelle, 48,000 fr. . . 114,000

2. Le prince Charles Bonaparte, mort en 1857.

Don du 1ᵉʳ avril 1852, 200,000 fr., payables avec intérêts à 5 pour cent par 5,000 fr. mensuels. . . . . 208,750 »

Subvention annuelle, 100,000 fr. pendant cinq ans. . . . . 500,000 »

2 *bis*. Le prince Napoléon-Charles Bonaparte.

Subvention annuelle (1857-1870), 50,000 fr. . . . . 708,000 »

Location d'un hôtel, 20,000 fr. . . 280,000 »

Total . . 1,810,750 »

3. Le prince Louis-Lucien Bonaparte.

Dettes payées en 1850, 45,000 fr. . . 45,000 »

Don du 1ᵉʳ avril 1852, 200,000 fr., payables par 5,000 fr., sans intérêts, avec supplément de 2,000 fr. mensuels pendant neuf mois . . . . 218,000 »

Subvention annuelle, 100,000 fr. pendant dix-huit ans . . . .   1,800,000 »

Total . .   2,063,000 »

4. Le prince Pierre Bonaparte.

Don du 1ᵉʳ avril 1852, 200,000 fr., payables comme ci-dessus . . . . .   218,000 »

Subvention annuelle . . . . . .   1,800,000 »

1856-59, 5,000 fr. mensuels (deux ans et six mois) . . . .   150,000 »

1859-63, 2,300 fr. mensuels (trois ans et six mois) . . . .   105,000 »

1864-70, 2,000 fr. mensuels . . . .   144,000 »

Total . .   2,417,000 »

5. Le prince Antoine Bonaparte.

Don du 1ᵉʳ avril 1852, 200,000 fr., payables comme ci-dessus . . . . .   218,000 »

Subvention annuelle 100,000 fr. .   1,800,000 »

Total . .   2,018,000 »

6. La princesse Marianne Bonaparte Lucien.

Subvention annuelle, 6,000 fr. . .   108,000 »

7. Mme Lœtitia-Bonaparte-Wyse, séparée de son mari, sir Thomas Wyse, auquel l'empereur a prêté en Angleterre 16,000 livres sterling, mal garanties par des polices d'assurances . . . .   400,000 »

Endettée à l'excès, presque retenue dans un hôtel où elle ne peut payer son séjour, Mme Bonaparte-Wyse (1) obtient en 1852, par l'intermédiaire de M. Bure, une subvention de 6,000 fr., portée, en 1853, à 48,000, dont 30,000 affectés à ses créanciers . . . .   864,000 »

Total : au moins . . 1,264,000 »

(1) Voici une lettre de cette princesse qui constate sa détresse :

« En rentrant chez moi hier soir avec ma jeune fille, que j'avais été chercher au chemin de fer, j'ai trouvé la porte de mon appartement fermée et mes effets, le peu qui me reste, saisis et sous les scellés.

» Au milieu de la rue, à onze heures du soir, sans asile et sans argent, j'ai été demander l'hospitalité à un vieil ami de ma mère, — le colonel Jenowich, — qui m'a offert pour deux ou trois jours une chambre chez lui!... J'avais écrit au trésorier de la présidence pour avoir un secours, — ce qu'on n'oserait refuser dans les circonstances où je me trouve à une étrangère, — afin d'éviter la nouvelle avanie qui de nouveau me frappe!... On n'a pas répondu à ma lettre. On est vraiment, pour moi, d'une rigueur, d'une dureté qui passent toute croyance!... Demain j'irai au couvent ; j'y entrerai sans linge et sans vêtements, car je n'ose me flatter que vous viendrez, par ordre du prince, à mon aide. Cependant, pourquoi ne tenterai-je pas un dernier effort ?

» Je dois 550 fr. à mon logeur et à mon restaurant. Souffrirez-

8. Mme Marie Bonaparte Wyse, prin
cesse de Solms, devenue Mme Urb. Rattazzi (1863) ; elle jouissait originairement
d'une pension de 30,000 fr., supprimée
pour publications anonymes ; mariée à
M. Rattazzi, elle réclame, dans une lettre
curieuse, sa pension tout entière, dont
l'empereur lui a, dit-elle, par l'intermédiaire du docteur Gonneau, promis le ré-
tablissement.

Elle figure depuis dans les états pour

vous que je sois encore outragée pour une telle vétille ? Employe
votre influence pour me rendre ce dernier service, et après, avant
de vous employer encore pour moi, attendez que ma conduite vous
ait montré ce que je suis et combien j'ai été calomniée ! Si vous
me faites la faveur d'une réponse, écrivez-moi demain chez le colonel Jenowich, j'y attendrai votre réponse toute la journée, car il
me sera bien pénible d'entrer au couvent sans vêtements. Cependant, comme ma résolution est irrévocable et qu'on consent à me
recevoir sans payer à l'avance, je coucherai demain soir au cou-
vent.

» J'aurai l'honneur de vous écrire aussitôt mon installation,
car je peux compter sur vous pour me sortir de peine et me réha-
biliter. Ne trompez pas mes espérances ; ayez l'œil sur ma conduite et agréez, avec mes remercîments, l'assurance de ma reconnaissance.

» Ce mardi, 20 novembre.

» Princesse Lœtitia Bonaparte,
» Rond-point des Champs-Elysées, chez
le colonel Jenowich.

» *P. S.* De grâce, un mot de réponse. »

une somme annuelle de 24,000 fr. (six
ans?)   144,000   »

9. Mme Turr (1861), née B. Wyse. Subvention annuelle, 24,000 fr.   216,000   »

10. M. Wyse (Lucien-Napoléon). Pen-
sion, 2,000 fr.; en 1855.   14,000   »

11. La comtesse Valentini (Alexan-
drine-Marie B. Lucien).
Don d'avril 1852, 200,000 fr., intérêts à
5 p. c.   208,750   »
Subvention, 23,500 fr.   460,000   »

12. La comtesse Lucienne Valentini
Faïna; 1863, ordre signé de l'empereur,
don, 50,000   50,000   »

13. La marquise Roccagiovine, fille
de Ch. B. Lucien; subvention, 20,000 fr.
(en moyenne dix ans); indemnité de logement, 20,000 fr.   400,000   »

14. La comtesse Primoli (Ch. B. Lu-
cien), même somme (même moyenne).   400,000   »

15. La comtesse Campello (Ch. B. Lucien), même somme (même moyenne).   400,000   »

16. La princesse Gabrielli (Charlotte-
Marie B. Lucien), subvention, indemnité,
40,000 fr.   400,000   »

17. La marquise Christine Gabrielli Stefanoni 6,250

18. La comtesse Lavinie Gabrielli Aventi. 6,250

19. La marquise Amélie-Gabrielli Parisani. 6,250

20. Mme A. Docker. . . . 6,000

21. Mme Célia Honorinati Romagnoli, petite-fille de Lucien Bonaparte 6,000

374,000 »

La famille Bonaparte Lucien a donc touché, durant l'empire, environ 12 millions 700,000 fr. . . . . . . , . .

Total . . . . . 12,762,000 »

RÉCAPITULATION.

Ainsi sans tenir compte de quelques centaines de mille francs annuels touchés durant un nombre inconnu d'années, le bilan de la famille Bonaparte s'établit comme suit :

Famille Jérôme Bonaparte 37,078,461

Famille Lucien Bonaparte. 12,762,400

Famille Murat 13,577,624

Princesse Baciocchi 6,254,624

MM^mes B. Centamori et Bartholini . . . 524,375

Total général. 70,187,796

Baptême du petit Louis.

Médaillons en diamants.	25,000
Allocations aux médecins.	62,000
— à la sage-femme.	6,000
A la société des auteurs et compositeurs dramatiques.	10,000
A la société des gens de lettres.	10,000
— artistes dramatiques. . . .	10,000
— artistes musiciens.	10,000
— peintres, sculpteurs, etc. . .	10,000
— inventeurs industriels. . . .	10,000
— médecins du département de la Seine.	10,000
Aux bureaux de bienfaisance de la Seine et des communes où sont situés les biens de la couronne.	93,000
Lafayette.	100,000
Gratifications de quatre mois de traitement aux agents du service intérieur de S. M. l'impératrice.	11,000
Spectacles gratis du 18 mars 1856.	44,000
Secours aux parents des enfants nés le 16. . .	50,000
Médailles aux auteurs et compositeurs des cantates et vers adressés à LL. MM., médailles aux troupes et élèves des lycées. . .	85,000

Brevets adressés aux parents des filleuls de
LL. MM. 20,000
Cortége du baptème. Service des écuries. . . 172,000
Gratifications aux gagistes de la maison de LL.
MM. . . . . · 160,000
                                        ————————
                 Total. 898,000

Vrai, ça n'est pas payé !

Cabinet noir.

L'institution n'est pas neuve, mais l'ex-gouvernement s'en servait admirablement, et quand il avait intérêt à connaître le contenu d'une lettre, il y parvenait avant le destinataire. Une note trouvée dans les papiers secrets donne, à ce propos, des renseignements complets. La voici :

Les facteurs de la poste Hennocq, Decisy, Basson, Hondé, Thibault, desservant les rues de Varennes, Belle-Chasse, Saint-Nicolas-d'Antin, Caumartin, de la Chaussée-d'Antin, sont engagés à prix d'argent dans la police secrète du ministère de l'intérieur, dirigée par M. Saintomer.

Leur service consiste à livrer la correspondance

des personnes qui leur sont désignées. Ils sont aidés pour cela par des concierges engagés comme eux dans la même organisation. Ils entrent à chaque distribution dans la loge de ces concierges, y déposent leurs lettres s'il y a lieu et viennent les reprendre à la distribution suivante. De cette manière, ils échappent aux soupçons; car ils peuvent être menés chez ces concierges pour la remise des lettres destinées aux locataires de la maison. On ne connaît pas les aides des facteurs de la rive gauche, ceux de la rive droite sont aidés par les concierges.

Pierre, rue d'Anjou, 9.

Orsier, id. 3.

Pinsoy, id. 53.

Niaux, Pierre, rue de la Chaussée-d'Antin, 2.

Les lettres reçues par ces concierges sont le plus souvent portées en voiture, chez M. Saintomer, rue Las-Cases, 18, qui les ouvre, en prend copie, s'il y a lieu les remet en état et elles sont remportées par le concierge qui les remet au facteur à la distribution suivante. On n'a pu savoir si le facteur qui dessert l'avenue Montaigne et l'avenue d'Antin est entré au service de la sûreté publique. Si l'on a dû se passer de lui, on a eu évidemment

le concours des concierges des maisons où se trou-
vaient les personnes dont on avait intérêt à lire les
correspondances.

En général, ces opérations sont faites avec secret
et habileté. Il paraît cependant qu'elles n'ont pas
tout à fait réussi dans la rue Caumartin, où une
femme, dont la correspondance était ouverte, a
provoqué une enquête dirigée par M. Palestrino
lui-même, pendant plusieurs jours, mais qui n'a
amené aucun des résultats qu'on attendait.

Voici, en outre, un extrait d'une lettre du général Ducrot, ancien commandant de Strasbourg, au
général Trochu, fourni par le cabinet noir.

« Puisque tu es en train de faire entendre de
bonnes vérités aux illustres personnages qui t'entourent, ajoute donc ceci : Pendant que nous déli-
bérons pompeusement et longuement sur ce qu'il
conviendrait de faire pour avoir une armée, la
Prusse se propose tout simplement et très-active-
ment d'envahir notre territoire. Elle sera en mesure de mettre en ligne 600,000 hommes et 1,200

bouches à feu, avant que nous ayons songé à organiser les cadres indispensables pour mettre au feu 300,000 hommes et 600 bouches à feu.

De l'autre côté du Rhin, il n'est pas un Allemand qui ne croie à la guerre dans un avenir prochain. Les plus pacifiques, qui, par leurs relations de famille ou par leurs intérêts, sont plus Français, considèrent la lutte comme inévitable, et ne comprennent rien à notre inaction. Comme il faut chercher une cause à toutes choses, ils prétendent que notre empereur est tombé en enfance.

A moins d'être aveugle, il n'est pas permis de douter que la guerre éclatera au premier jour. Avec notre stupide vanité, notre folle présomption, nous pouvons croire qu'il nous sera permis de choisir notre jour et notre heure, c'est-à-dire la fin de l'Exposition universelle, pour l'achèvement de notre organisation et de notre armement.

En vérité, je suis de ton avis, et je commence à croire que notre gouvernement est frappé de démence. Mais si Jupiter a décidé de le perdre, n'oublions pas que les destinées de notre patrie, et que notre propre sort à tous est lié à ses destinées, et, puisque nous ne sommes pas encore atteints par cette funeste démence, faisons tous nos efforts pour nous arrêter sur cette pente fatale qui conduit tout droit à des précipices.

Voici un nouveau détail sur lequel j'appelle ton attention, parce qu'il est de nature à faire ouvrir les yeux des moins clairvoyants.

Depuis quelque temps, de nombreux agents prussiens parcourent nos départements de la frontière, particulièrement la partie comprise entre la Moselle et les Vosges ; ils sondent l'esprit des populations, agissent sur les protestants, qui sont nombreux dans ces contrées, et sont beaucoup moins Français qu'on ne le croit généralement. Ce sont bien les fils et les petits-fils de ces mêmes hommes qui, en 1815, envoyaient de nombreuses députations au quartier-général ennemi pour demander que l'Alsace fît retour à la patrie allemande. C'est un fait bon à noter, car il peut être, avec raison, considéré comme ayant pour but d'éclairer les plans et la campagne de l'ennemi. Les Prussiens ont procédé de la même façon en Bohême et en Silésie, trois mois avant l'ouverture des hostilités contre l'Autriche...

DUCROT.

Le cabinet noir avait ses hommes au télégraphe. On a pu constater que les dépêches suivantes n'ont pas été remises aux destinaires.

Le Havre, 16 juillet.

A Havas, 31, *J.-J. Rousseau, à Paris.*

Déclaration accueillie, grand enthousiasme, retraite battue, soldats acclamés par population, bouquets. Hier, manifestation contre consulat de Prusse. Cris : A bas Bismark ! Vive l'empereur !

ALEXANDRE.

Paris, 7 juillet.

Au journal la Presse, *à Vienne.*

Grande activité ministère de guerre ; des régiments algériens rappelés en France, soldats en congé rappelés au corps.

HOFF.

Dunkerque, 16 juillet.

Au journal le Gaulois, *à Paris.*

Escadre prussienne a été rencontrée aujourd'hui dans les eaux de Dunkerque se dirigeant vers la mer du Nord. Déclaration de guerre accueillie ici avec grand enthousiasme.

POULEUR.

Paris, 18 juillet.

A Reuter, à Londres.

(On) dit de Wimpfen parti pour Berlin hier avec déclaration guerre. Impératrice aura régence durant absence empereur comme durant guerre Italie. (On) dit positivement prince impérial accompagne empereur. Roi George attendu à Paris pour former légion hanovrienne. Général de Failly à Bitsche, Moselle, Bazaine à Metz. Trains expédient continuellement troupes à Metz, Nancy, Strasbourg, Mulhouse, Thionville. Tous régiments de ligne (ont) quitté Paris maintenant. Amiral Dieudonné avec escadre cuirassée quitte Cherbourg samedi.

(On) estime 250,000 hommes troupes françaises assemblées près frontière. *Peuple français* (journal) dit près 15 jours nécessaires pour que toute armée massée pour opérations projetées.

HAVAS.

Paris, 20 juillet soir.

Au journal Press *à New-York.*
(Traduit de l'anglais.)

Liberté assure Vimercati parti pour Florence avec traité d'alliance entre France et Italie.

Un riche manufacturier de Mulhouse équipe et nourrit un corps de 500 volontaires pendant durée de la guerre.

Députés du Haut et du Bas-Rhin, de la Moselle et de la Meurthe apprennent par télégraphe mouvements armée prussienne. Ils disent que Bismark est fort troublé de la lenteur avec laquelle landwehr se présente.

CRAMER.

Munich, 20 juillet.

A la Correspondance Germania, *rue Fontaine-Saint-Georges, 31, à Paris.*

(Traduit de l'allemand.)

Le parti *patriote* de la Chambre est résolu à ne pas accorder un kreutzer pour la mobilisation ordonnée en faveur de la Prusse.

SIGL.

Paris, 20 juillet.

Au journal Press, *à New-York.*

(Traduit de l'anglais.)

Liberté dit : Au cas Danemark se joindrait à France pour guerre, princes d'Orléans serviront dans armée danoise.

Bâle 19 : Un général et plusieurs officiers supérieurs suisses arrêtés en Allemagne. Bruit Prusse retarde à dessein réponse à déclaration de neutralité de Suisse.

CRAMER.

Marseille, 22 juillet.

A Havas, *à Paris.*

Kabylie fournissant majeure partie turcos, manifeste enthousiasme pour la guerre ; nombreux enrôlements volontaires. Soldats algériens passant à Marseille accueillis chaleureusement, reçoivent cadeaux tous genres ; femmes du peuple dans marché distribuent vins, fruits, vivres divers ; turcos émerveillés s'écrient : bono Marseille !

DELEUZE.

———

Saint-Gervais, 23 juillet.

M. le directeur du Gaulois, 31, *rue du Helder,
à Paris.*

Le *Gaulois* du 22 juillet qui me parvient maintenant affirme que les espions prussiens pris à Châlons et à Reims étaient porteurs de passe-ports roumains délivrés par l'agence de Roumanie à Paris. Si le fait est prouvé, les Roumains seront reconnaissants au gouvernement français des mesures de rigueur qu'il prendra contre une chancellerie qui viole le droit des gens et qui déshonore le pays qu'elle est chargée de représenter. Que ceux qui délivrent ces passe-ports, s'ils sont les ennemis de la France, aillent combattre dans les rangs de l'armée prussienne, ou si le cœur leur manque pour cela, qu'ils se fassent espions eux-mêmes, mais qu'ils ne compromettent pas leur pays en couvrant les actions déloyales de leur caractère officiel. Les sentiments roumains sont tout autres, je l'affirme, que ceux professés par des hommes qui cessent de soutenir les intérêts de la Roumanie pour devenir les agents occultes de Hohenzollern. Nous ne tarderons pas à le prouver. Je vous prie de vouloir bien publier mon télégramme.

GEORGES STERIARDI,

Ancien secrétaire de l'agence de Roumanie à Paris
sous le prince Couza.

Un pot-de-vin !

La Compagnie maritime égyptienne et M. Clément Duvernois.

Les soussignés,

Signataires de la demande en concession de la Compagnie maritime égyptienne, déclarons par le présent engagement que, si cette concession est accordée par le vice-roi dans les termes de la demande rédigée par M. l'ingénieur Castets-Hennebert, nous laissons à celui-ci tous les soins de la constitution de la compagnie et toutes les dépenses auxquelles cette constitution peut l'obliger, déclarant que nous ne voulons être responsables d'aucun des frais préliminaires pour la formation de la société.

En conséquence de la présente convention, M. Castets-Hennebert est autorisé par nous à disposer comme il l'entendra, jusqu'à concurrence de 10 millions de fr. (400,000 liv. st.), sur le montant des 10 p. c. du capital nominal social qu'octroie la concession, d'après l'article 11 de la demande, pour pouvoir faire face à tous les frais auxquels la constitution de la société peut donner lieu, et aussi pour rémunérer ou solder tous les concours ou influences qu'il aura pu s'adjoindre à l'effet de l'obtention de ladite concession.

Sur cette somme de 400,000 liv. st. que M. Castets-Hennebert recevra en actions libérées (*paid up shares*) de la Compagnie, il devra en remettre à chacun de nous pour 10,000 liv. st., pour notre qualification de fondateurs avec lui de l'affaire.

Les autres 400,000 liv. st. restantes, d'après l'article 11 précité, ne pourront être dépensées, sous quelque prétexte que ce soit, sans l'adhésion du *board* des fondateurs, et par autorisation écrite qui sera donnée à M. Castets-Hennebert, agissant en qualité de *manager director* du *board* de fondation, jusqu'au début des opérations de la Compagnie, sous la direction du conseil d'administration lorsqu'il sera définitivement constitué.

Londres, le 6 mai 1867.

Signé : Comte de Bustelli Foscolo, Charles-Pierre Schaeffer, Charles Morris, J.-W. Williamson, Ch. Martin.

Pour copie conforme :

Castets-Hennebert.

Je soussigné, fondateur de la Compagnie maritime égyptienne, déclare que, en vertu des droits que me confère l'engagement ci-dessus de cinq co-fondateurs, je m'oblige envers M. Clément Duvernois de lui payer cinq millions sur les dix millions dont je suis autorisé à disposer, pour rémunérer ses services et les concours étrangers dont il croit pouvoir user à l'effet de l'obtention de ladite concession ; ces cinq millions de francs lui seront payés au fur et à mesure des sommes que je recevrai moi-même et de la même manière.

Paris, le 8 juillet 1867.

CASTETS-HENNEBERT.

Sans vous, Devienne, que voulez-vous que je devienne ?

Passé la cinquantaine, l'homme des coups d'État croyait devoir y ajouter les coups de canifs dans le contrat. On en a trouvé la preuve dans deux lettres curieuses qu'il avait conservées, crainte d'un scandale plus grand que celui qu'elles révélaient.

Pour l'intelligence de ces lettres, quelques mots sont nécessaires. Une fantaisie (sa diabète a dû la lui rap-

peler) l'avait rapproché d'une belle fille du demi-
monde, Marguerite Bellanger. Pour celle-ci, c'était un
coup de fortune et elle ne négligea rien pour en profiter largement. Tout en flattant son *auguste* amant,
elle conçut une petite opération de chantage qui eut
un plein succès. Pendant quelques mois on lui fit
l'honneur d'une paternité qui appartenait à un autre.
Puis quand on le vit bien effrayé des conséquences que
cela pouvait avoir, on accepta le rôle d'ange du sacrifice et l'on consentit à déclarer qu'on avait été ingrate
et coupable et qu'on avait trompé son *cher seigneur*.
C'est un président de cour, M. Devienne, qui servit
d'*intermédiaire*. La terre de Mouchy servit de fiche de
consolation. Cette Marguerite a dû bien rire avec le
vrai père.

Lisons maintenant :

« Monsieur (*Devienne*),

» Vous m'avez demandé compte de mes relations
avec l'empereur, et, quoi qu'il m'en coûte, je vais vous
dire la vérité. Il est terrible d'avouer que je l'ai
trompé, moi qui lui dois tout, mais il a tant fait pour
moi que je vais tout dire. Je ne me suis pas accouchée
à sept mois, mais bien à neuf. Dites-lui bien que je lui
en demande pardon. J'ai, monsieur, votre parole
d'honneur que vous garderez cette lettre.

» Recevez, Monsieur, l'assurance de ma considération distinguée.

» M. BELLANGER. »

« Cher seigneur (*Napoléon*),

» Je ne vous ai pas écrit depuis mon départ, craignant de vous contrarier ; mais, après la visite de M. Devienne, je crois devoir le faire. D'abord pour vous prier de ne pas me mépriser, car, sans votre estime, je ne sais ce que je deviendrais. Ensuite, pour vous demander pardon. J'ai été coupable, c'est vrai, mais je vous assure que j'étais dans le doute. Dites-moi, cher seigneur, s'il est un moyen de racheter ma faute. Je ne reculerai devant rien. Si toute une vie de dévouement peut me rendre votre estime, la mienne vous appartient, et il n'est pas un sacrifice que vous me demandiez que je ne sois prête à accomplir. S'il faut pour votre repos que je m'exile et passe à l'étranger, dites un seul mot, et je pars. Mon cœur est si pénétré de reconnaissance pour tout le bien que vous m'avez fait, que souffrir pour vous serait encore du bonheur. Aussi, la seule chose dont à tout prix je ne veux pas que vous doutiez, c'est de la sincérité et de la profondeur de mon amour pour vous. Aussi, je vous en supplie, répondez-moi quelques lignes. Mon adresse est : Mme Bellanger, rue de Launay, commune de Villebernier, près Saumur.

» En attendant votre réponse, cher seigneur, recevez les adieux de votre toute dévouée, mais bien malheureuse.

» MARGUERITE. »

Avant la châtelaine de Mouchy, longtemps avant, lorsqu'on n'était que prince, on avait captivé les bonnes grâces d'une aimable et belle fille d'Albion, miss Howard, en lui promettant, le fait est probable, de l'associer à sa fortune. Mais en attendant cette heure, qui n'est pas venue pour miss Howard, on prenait les banknotes de la bien-aimée et on les employait à préparer le coup d'État. Plus tard, lorsqu'on eût en mains l'argent de la France, on paya. Nous nous plaisons à croire qu'on tint compte des intérêts. Voici trois pièces qui disent le dernier mot de l'affaire :

Lettres de Miss Howard.

N° 1.

Cette lettre est en anglais ; en voici la traduction française :

« Je reconnais, par la présente, avoir reçu de S. M.

l'empereur Napoléon III la somme de un million de francs, en plein acquit et décharge complète de tous mes droits et intérêts dans le domaine de Civita-Nova, dans la Marche d'Ancône (États du Pape).

» E.-H. DE BEAUREGARD.

» Paris, 25 mars 1855. »

N° 2.

« Monsieur Mocquard,

» Je reconnais avoir reçu, jusqu'au 1er janvier 1854, la somme de 50,000 fr. que je vous ai chargé de toucher par mois.

» E.-H. DE BEAUREGARD.

» Paris, 31 janvier 1854.

» *Nota.* — Le payement des 50,000 fr. a commencé au 1er juin 1853. Les trois premiers ont été faits par M. Gilles.

» MOCQUARD. »

Note des sommes payées par l'empereur à Miss Howard, depuis le 24 mars 1853 jusqu'au 1ᵉʳ janvier 1855.

1ᵉʳ janvier 1855. Paiement des 58,000 fr.

Donc le mois de novembre n'est pas compris.

« J'avais promis trois millions, plus les frais d'arrangement de Beauregard, que j'évaluais tout au plus à 500,000 fr.

» J'ai donné :

1,000,000 le 24 mars 1853, suivant reçu.
1,500,000 le 31 janvier 1854.
1,414,000 en rentes sur l'État.
  585,000 en paiement à 58,000 fr. par mois à partir du 1ᵉʳ janvier 1855.
  950,000 en paiement de 50,000 fr. à partir du 1ᵉʳ janvier 1853 jusqu'au 1ᵉʳ janvier 1855.

—————

5,449,000. »

N° 3.

« Château de Beauregard, 22 juillet 1855.

» Mon cher ami,

» Nous sommes aujourd'hui le 25 juillet, et je vois avec peine que les engagements pris envers moi ne sont pas accomplis (quand j'ai doute, je blesse, il ne faut plus en douter); en fait, j'ai cru et je crois encore que c'est une erreur; pourquoi me faire souffrir?

» Si les choses doivent être ainsi, j'aurais mieux fait de garder les *six* millions au lieu de trois millions 500,000 qui devaient sur ma demande être payés au bout de l'année 1853, et c'était pour cela que j'ai prié l'empereur de déchirer la première somme (*deux millions cinq cent mille francs*). Le cœur me saigne d'écrire ceci, et si mon contrat de mariage n'était pas fait comme il est, et si je n'avais pas un enfant, je ne ferais cette démarche qui est devenue un devoir. Je compte sur vous pour faire fin à tant de souffrance.

» Le cœur de l'empereur est trop bon pour laisser une femme qu'il a aimé (*sic*) tendrement, dans une fausse position, et il ne voudrait pas l'être lui-même : vous savez ma position, vous êtes mon tuteur; et c'est à double titre que je m'adresse à vous. Je me suis trompé (*sic*) l'autre jour en écrivant à Sa Majesté;

par une de ses lettres, date mai, il dit : « Je donnerai à Gilles demain papier pour les trois millions cinq cent mille francs. » Alors il ne (*sic*) rien à faire que de calculer de 50,000 depuis le 1er juin 1853 la rente et 50,000 depuis janvier jusqu'à octobre. Je prie Dieu qu'il n'en soit pas plus question d'argent entre moi et lui qui a toute un autre sentiment dans mon cœur. Je vous embrasse tendrement et vous aime de même.

» Votre affectionnée,

» E.-H. DE BEAUREGARD.

» Je vous en conjure, ne laissez pas cette lettre; vous pouvez en faire lecture à Sa Majesté si vous le jugez convenable, et brûlez-la aussitôt après. J'ai vu Mme Mocquart lundi à quatre heures, elle était souffrante l'autre jour. »

Ah, dame, c'est que nous étions forts en artillerie.

On sait le rôle décisif que l'artillerie a joué dans la formidable lutte à peine aujourd'hui terminée où deux souverains maudits avaient lancé la France et l'Allemagne. Eh bien, qu'on lise les pages qui suivent et qu'on nous dise si jamais l'on vit plus sotte présomption, plus crasse ignorance, plus criminelle indifférence !

EXTRAITS DES DERNIERS FASCICULES PARUS.

LES CANONS KRUPP.

Au mois de janvier 1868, la fonderie Krupp fit soumettre au cabinet de l'empereur deux brochures accompagnées de la lettre suivante :

FRIEDRICH KRUPP.

ACIER FONDU

Essen (Prusse rhénane).
7 rue de Provence.

Paris, le 25 janvier 1868.

SIRE,

Reconnaissant de la marque de distinction signalée

que Votre Majesté a bien voulu m'accorder à l'Exposition universelle de 1867 (1), j'ose prier Votre Majesté de vouloir bien agréer le rapport ci-joint d'une série d'essais qui viennent d'avoir lieu à mes usines d'Essen, sous la direction du général-major de Majewsky, par ordre de l'empereur de Russie, et qui ont été faits, également à Essen, par ordre du ministère de la guerre prussien, sous la direction d'une commission spéciale prusienne, avant l'Exposition.

J'ose croire qu'ils auront quelque intérêt pour Votre Majesté. Elle a donné trop de preuves de Sa haute connaissance en matière d'artillerie, pour que je ne sois pas encouragé à Lui soumettre une expérience qui n'avait point encore été faite avec un pareil résultat et qui peut apporter des changements pour l'artillerie, — *science qui doit une grande part de ses progrès à l'initiative et aux travaux de* VOTRE MAJESTÉ.

C'est donc avec confiance que je La prie d'accueillir cette relation, qui s'adresse au savant.

(1) A l'Exposition universelle de 1867, le canon Krupp a obtenu l'un des trois grands prix de la classe 40 : *Aciers fondus et forgés.* De plus, M. Alfred Krupp a été nommé, comme exposant, officier de la Légion d'honneur (50 juin 1867), et M. Fried. Krupp a été mentionné honorablement pour la bonne tenue de son établissement à Essen.

Je suis, avec le plus profond respect, Sire, de Votre Majesté, le plus obéissant et le plus humble serviteur.

Henri HAASS,
Chef de la maison Krupp,
71 (*nunc* 65), rue de Provence.

Les deux brochures jointes à cette lettre portent pour titre:

I. *Expériences de tir avec un canon de 9 pouces anglais ($228^{mill},6$) en acier fondu, se chargeant par la culasse*, de FRIEDRICH KRUPP, à Essen (24 pages in-8° autographiées et 4 planches).

II. *Procès-verbal d'un tir à outrance avec des canons de 4 en acier fondu*, de FRIEDRICH KRUPP, à Essen (8 pages in-8° autographiées).

Le lendemain, 28 janvier, le chef du cabinet envoyait ces deux brochures au maréchal Le Bœuf, alors général, avec ce billet :

Monsieur le général,

J'ai l'honneur de vous transmettre les rapports ci-joints d'expériences faites sur les canons en acier fondu de l'usine de M. Fried. Krupp, à Essen (Prusse). Il vous appartient de juger s'il y a lieu de les soumettre à l'empereur.

Moins d'un mois après, le 27 février, le général répondait en adressant au cabinet la lettre et le rapport suivants :

A Monsieur Conti.

Monsieur le conseiller d'État,

Par dépêche en date du 25 janvier dernier, vous m'avez fait l'honneur de m'informer que l'empereur renvoyait à mon examen deux brochures qui lui avaient été adressées par M. Haass, chef de la maison Krupp, à Paris.

J'ai l'honneur de vous adresser une note assez étendue sur ces deux brochures, relatives à des question qui ont attiré l'attention de l'empereur.

Veuillez recevoir, etc.

NOTE SUR DEUX BROCHURES ADRESSÉES A SA MAJESTÉ L'EMPEREUR PAR M. KRUPP.

MINISTÈRE DE LA GUERRE.

Comité de l'artillerie.

Paris, le 27 février 1868.

M. Haass, chef de la maison Krupp, à Paris, a adressé à l'empereur deux brochures qui ont trait : l'une à des épreuves à outrance, qui ont eu lieu à Essen sur des canons de 4 en acier pourvus de trois modes différents de chargement par la culasse ; l'autre à des essais qui ont été exécutés sur un canon de 9 pouces anglais ($228^{mm},6$).

PREMIÈRE BROCHURE. — Les épreuves à outrance des canons de 4 ont été entreprises au mois de décembre 1866 par ordre du gouvernement prussien. Comme plusieurs canons de ce calibre avaient éclaté pendant la campagne de 1866, on voulait rassurer les esprits en constatant que les canons du modèle en service (système Kreiner à double coin) ont généralement une résistance supérieure à celle qu'on doit leur demander dans la pratique ordinaire. En outre, comme M. Krupp et plusieurs officiers attribuaient ces ruptures à un vice de construction résidant dans la forme carrée à angles presque vifs de la mortaise des coins, on essaya deux autres systèmes à mortaise arrondie en arrière. Le premier était à double coin, mais la section du coin postérieur était à peu près demi-circulaire. Le second, proposé par M. Krupp, était à simple coin, de forme cylindro-prismatique, dont la section transversale équivalait à celle des deux coins du premier système.

Les trois bouches à feu avaient été prises au hasard dans une commande de 400 canons de 4 en cours de fabrication à l'usine Krupp, pour le compte de la Prusse.

Ces trois canons ont tiré :

1° 10 coups à chacune des charges de 1 kilog., 1^k,100, 1^k,200, 1^k,300, 1^k,400; avec des projectiles pleins pesant 5^k,250 (la charge ordinaire est de 0^k,500 ; l'obus chargé pèse 4^k,300) ;

2° 150 coups, charge 1^k,500, boulet plein de 5^k,250;

3° 5 coups à 1^k,500, avec un boulet plein à tête plate, pesant 5^k,500, et des boulets additionnels pesant depuis 10 kilog. jusqu'à 50 kilog. ;

4° 5 coups à 1^{k}750 de poudre, avec le boulet de 5^k,500 et les boulets additionnels de 10 à 50 kilog. Ces derniers boulets dépassaient la tranche de la bou-che de 0^m,444.

Après ces épreuves, les corps des trois canons ne présentaient aucun indice de rupture, mais les diamètres de la chambre s'étaient agrandis uniformément de $2^{mm},6$.

Les fermetures des deux canons à mortaise arrondie avaient bien supporté les épreuves; le coin simple de M. Krupp avait eu cependant la supériorité en ce que l'obturation avait toujours été complète, tandis qu'avec le double coin elle laissait à désirer vers la fin du tir.

La fermeture du canon à double coin et à mortaise carrée avait assez bien résisté. Cependant, il avait fallu changer le coin postérieur, et la manœuvre était devenue de plus en plus difficile aux grandes charges, à cause de la flexion des coins. Le coin antérieur avait été en quelque sorte poinçonné par la pression des gaz, et une saillie d'un demi-millimètre existait sur sa face postérieure dans toute l'étendue du cercle de l'âme.

On avait fait usage, avec intention et à plusieurs reprises, de plaques en mauvaise fonte pour porter l'anneau d'obturation. Elles se sont brisées, mais les dégradations de la fermeture ont été insignifiantes et n'ont jamais arrêté le tir.

Des épreuves semblables sont assurément de nature à inspirer une certaine confiance dans les canons de 4 en acier de Krupp, au moins dans ceux des dernières commandes. Cependant le fait de la rupture de plusieurs canons, aux charges ordinaires, est constant, quelle que soit l'explication qu'on en donne ; il est probable que les mêmes accidents pourront se reproduire tant que *les procédés de fabrication n'auront pas assuré la parfaite homogénéité de l'acier.*

On ne saurait donc affirmer encore que les canons en acier du système prussien présentent une garantie absolue de sécurité contre les éclatements. Tout ce que l'on peut conclure des épreuves relatées par M. Krupp, c'est que l'acier de cet industriel distingué possède des qualités très-remarquables ; le poinçonnage du coin par les gaz indique, notamment, un acier très-doux et en même temps très-tenace.

Deuxième brochure. — Le canon de 9 pouces, qui a été essayé sous la direction de M. le général Majewski, pour le compte du gouvernement russe, est en acier fondu de Krupp, renforcé par un double rang de frettes, d'après la théorie du général Gadolin, et pourvu du système de chargement par la culasse à coin cylindro-prismatique de Krupp. Son calibre est 9 pouces ($228^{mm},6$).

Les expériences avaient pour but :

1° De rechercher la charge de poudre qui imprimerait à un projectile de 125 kilogrammes une vitesse initiale de 370 à 400 mètres, dans des conditions telles

que la limite de résistance de la bouche à feu ne fût
pas dépassée ;

2° De constater si ce canon aurait une durée de
700 coups, jugée suffisante pour un bon service de
guerre.

L'essai d'un nouveau mode de fabrication, la durée
limitée assignée à la bouche à feu, tendent à faire penser que la Russie n'a pas été entièrement satisfaite des
canons de gros calibre et d'un seul bloc d'acier que
M. Krupp lui avait livrés antérieurement.

Il a été déjà rendu compte des expériences sur le
nouveau canon de 9 pouces, par les officiers français
qui ont été envoyés à Essen au mois de décembre dernier. (*Le capitaine de vaisseau Lefebvre, le colonel
Lacour, de l'artillerie de la marine, et le capitaine
Carry, de l'artillerie de terre*). Elles ont démontré
que :

1° On obtient une vitesse initiale de 380 mètres
avec une charge de $19^k,500$ de poudre à grains fins,
contenue dans une gargouse de $190^{mm},5$ de diamètre,
et brûlée dans une bouche de 237^{mm} de diamètre sur
762^{mm} de longueur, ayant un volume à peu près double
de celui de la charge :

2° Que la poudre à grains fins, employée de la sorte,
donne des meilleurs résultats sous tous les rapports et
fatigue moins la bouche à feu que les poudres russes

prismatiques et que les poudres anglaises à gros grains, employées par ces deux puissances pour le service des canons de fort calibre;

3° Que le canon, la fermeture de culasse, l'âme, le grain de lumière et la lumière sont dans un état de conservation très-suffissant après 700 coups tirés; que la bouche à feu pourra fournir encore une longue carrière; enfin que l'obturation par des culots en cuivre, changés à chaque coup, ne laisse rien à désirer.

Le canon russe de 9 pouces en acier de Krupp fretté, tirant le projectile de 125^{mm} à la charge de 19^k,500 de poudre ordinaire à grains fins, peut être considéré, d'après ces épreuves, comme une bouche à feu établie dans de bonnes conditions de résistance. Il faut ajouter, toutefois, qu'elle est d'un prix extrêmement élevé (environ 90,000 francs), et que les projectiles avec lesquels les épreuves ont été faites coûtent également fort cher.

OBSERVATIONS. — L'empereur sait que depuis dix ans d'assez nombreuses expériences ont été faites en France sur des pièces en acier de différents calibres et de diverses provenances (particulièrement des usines de Rive-de-Gier et des usines Krupp). Parmi ces pièces, plusieurs ont résisté à un grand nombre de coups; mais il s'est produit pour d'autres, après un nombre de coups restreints, des éclatements qu'on n'a pu attribuer qu'au *défaut d'homogénéité de l'acier*. Le canon Withworth et d'autres canons provenants d'usines françaises, sont encore en cours d'expérience et fourniront de nouvelles et intéressantes données sur la question de l'acier employé comme métal à canon. En attendant, on pousse l'industrie française, qui paraît en retard sous ce rapport, à se mettre à la hauteur de la fabrication de Krupp, qui jusqu'à présent semble avoir la supériorité.

Si les expériences commencées à Versailles sur deux canons *en bronze*, se chargeant par la culasse, avaient un résultat définitif favorable, il n'y aurait plus lieu de se préoccuper de la question de l'acier, au moins en ce qui concerne le service de l'artillerie de terre.

J'ai l'honneur de rappeler à l'empereur que le lieutenant-colonel Stoffel annonce, dans une de ses dernières dépêches, qu'en présence du défaut de confiance dans l'acier qui a fait de grands progrès dans l'esprit de l'armée prussienne, le roi a prescrit la réunion d'une Commission d'officiers d'artillerie pour examiner la question de l'emploi de l'acier comme métal à canon. Cette réunion a eu lieu à Berlin le 27 janvier dernier; la majorité a paru se prononcer en faveur du *retour au bronze*. Toutefois, il n'a été pris aucune résolution; et le lieutenant-colonel Stoffel promet au ministre de

le tenir au courant de ce qui sera décidé ultérieurement.

Une réunion semblable avait déjà eu lieu après la
campagne de Bohême, et il avait fallu l'intervention du
roi pour que cette réunion n'émît pas le vœu d'abandonner l'acier.

Le général de division, aide de camp de l'empereur,
président du Comité d'artillerie.

Le Bœuf.

Ces diverses pièces forment le dossier n° 24572 des
papiers du cabinet de l'empereur, sur la chemise duquel on lit l'analyse que voici :

Objet de la requête.

« M. Haass, chef de la maison Krupp, adresse les
» rapports d'expériences faites sur des canons de son
» usine à Essen (25 janvier 1868). »

Suite donnée ou observations.

« Transmettre au général Le Bœuf pour qu'il juge
» s'il y a lieu d'en parler à l'empereur (28 janvier). »
« Rapport du général Le Bœuf. »
« Rien à faire. *Classer* (1) (11 mars 1868). »

**A la curée Mesdames et Messieurs : il y en a
pour tout le monde, c'est la France qui paye !**

Et, mon Dieu oui, c'est cette malheureuse France,
si douloureusement frappée après la honte de ces
dix-huit ans de règne, qui a payé les complices du
prétendant, qui a soldé la note du crime. Nous ne
donnons pas tout ce qu'a relevé la Commission chargée de dépouiller la correspondance de la famille
impériale, mais notre liste suffira pour montrer à
combien d'appétits divers il fallait donner satisfaction.

(1) *Classer* est l'expression employée pour désigner les dossiers désormais inutiles.

<table>
<tr><td></td><td>PENSIONS
et
traitements.</td><td>DONS,
AVANCES
et
payements.</td></tr>
</table>

A

ALADENIZE, lieutenant en 1840, complice de Boulogne, condamné par arrêt de la Chambre des pairs.

Un livre de comptes (1844-1848) mentionne quelques menues sommes irrégulièrement fournies à M. Aladenize : 600 fr. 400 fr. (200 fr. 1,000 fr. 1847). 2,200

Sous la présidence, M. Aladenize reçoit des secours : 600 fr. en décembre 1849. 600
et à partir de 1850, une pension mensuelle de 500 fr. 6,000
pension élevée, en 1853, à 12,000 fr. 12,000

Notons, en 1851, les frais du baptême de Charles-Louis-Napoléon Aladenize : 689 fr. 50 c. ; M. E. Bataille a été chargé de représenter le prince-président. 689

D'avril 1853 à janvier 1855, M. Aladenize touche, sur certains fonds secrets du ministère de l'intérieur nommés *fonds politiques*, une somme totale de 71,000 fr. (Chiffre officiel, état du 12 novembre 1855.). 71,000

D'avril à octobre 1853, sa fille (ou sa sœur ?) est dotée de 100,000 fr. sur la cassette impériale. 100,000

En octobre 1858, il prie M. Mocquart de rappeler à l'empereur une promesse relative à l'admission de sa fille aînée dans la maison de Saint-Denis. Mlle Aladenize était, avant cette époque, élevée dans une autre pension, aux frais de l'empereur.

Une lettre sans date, où M. Aladenize, ruiné, prévient M. Bure qu'il va demander à l'empereur la concession de travaux importants au port du Crotoy, précède sans doute et explique les importantes libéralités qui vinrent à son aide, sans relever ses affaires, de 1857 à 1860 : en mars et juin 1857, 46,000 fr. 46,000
en novembre et décembre 1859, 80,000 fr. 80,000

M. Aladenize ne fut pas abandonné après sa mort, et les dettes de sa succession figurent encore dans divers comptes de 1865, par à-compte de 5,000 fr. mensuels, pour une somme de 25,000 fr. 25,000

Toutefois, M. Blachez, avoué, tuteur des enfants Aladenize, évalue le passif de ladite succession à 60,000 fr., qu'il espère réduire à 40 ou à 45,000 fr. au plus. Aussi les créanciers se plaignent-ils fort. On a leurs lettres.

C'est donc, sans compter les traitements, une somme d'environ 400,000 fr. que M. Aladenize a touchée.

ALBE (duc D') est aidé par l'impératrice

(1861) pour divers emprunts au Crédit foncier et aux frères Pereire :
Au Crédit foncier : juin 1861 , 68,421 ; juillet, 60,600 (4ᵉ annuité). 129,021
Aux frères Pereire : 500,000 fr. 500,000

ARCHAMBAULT, serviteur de Napoléon Iᵉʳ à Sainte-Hélène ; allocation annuelle (1853): 2,400 fr. 2,400
(Secours demandé sous la présidence, par sa fille, Euphrasie Archambault.)

ARMANDI (le général), touche en 1850 une pension de 2,400 fr. 2,400
Il est cité, dans une lettre (19 août 1853) du marquis Cuneo-d'Ornano, comme faisant partie de la société particulière du comte de Saint-Leu.

AUCHARD, frère de lait du roi de Rome (*alias* frère de Napoléon II); allocation annuelle (1853), 6,000 fr. . . 6,000
Divers créanciers de M. Auchard demandent à l'empereur le remboursement de sommes assez fortes, 12,000 et 14,000 fr. ou la permission de saisir son traitement, qu'ils savent être de 12,000 fr. 12,000

B

BACHON, écuyer du prince impérial, outre son traitement de 6,000 fr., re- .

çoit, à titre de don, 162,000 fr. en
vingt-sept mois. 6,000 162,000

BACIOCCHI, neveu de la comtesse Camerata, princesse Baciocchi, et allié ainsi
à la famille impériale. Premier cham-
bellan, après 1852, et surintendant
des fêtes de la cour, il devient, en
1863, surintendant des théâtres. Il
jouissait de l'intimité du souverain,
1856, bague de 3,800 fr. chez Melle-
rio; mars 1862, 15,000 fr.   18,800
  Le comte Baciocchi mourut en
1866. Son embaumement nous est revenu à 3,000 fr. Ses funérailles à Paris
et transport, à 3,353 fr. ; ses funérailles à Ajaccio, à 3,987 fr. Au total,
10,340 fr.   10,340

BAILLON ou BAILLOU (Mlle), 1857, fréquemment 5,000 fr. (Est-ce une dot?). . . . ?20,000

BARROT (Ferdinand), avocat, défenseur
du prince après l'affaire de Boulogne ;
depuis, ambassadeur et sénateur, a
prêté au prince (1849-50), capital et
intérêts, une somme de 112,418 fr. 95 c. . . . 112,418

BARTHÉLEMY a reçu, le 6 février 1852,
par les soins de M. Mocquart, la
somme de 10,000 fr. (reçu signé)   10,000
  Il était bibliothécaire à Marseille.
Sa veuve obtient une pension de
1,200 fr.   1,200

BATES (Dr Joshua), ancien ami de Louis-
Napoléon, qu'il appelle souvent *my
dear emperor*, a été l'intermédiaire de
Napoléon III pour le recouvrement
d'une créance Wyse (16,000 liv. st. —
400,000 fr. ; v. ce nom), et son prête-
nom pour un compte particulier (*a/N*)
chez Baring. Il est mort avant le 11 février 1865, époque où le compte *a/N*
est reversé au compte ordinaire de
l'empereur.

Ce que nous avons de sa correspondance (octobre 1864) est en général relatif à ses démarches pour obte-
nir des garanties de sir Thomas
Wyse, mari de la princesse Letizia
Bonaparte-Lucien. On y trouve des
renseignements sur la crise du coton
(4 novembre 1864). Nous y relèverons
l'envoi par l'empereur (23 mars
1861) de 12,000 livres de rente en
quatre titres de. 240,000
3,000, déposés dans la caisse de Baring au nom de l'empereur, mais
sous une enveloppe au nom de Bates
(compte *a/N*). Notons encore, le
5 septembre 1863, une traite sur Hot-
tinguer à l'ordre Ch. Thélin :
120,000 fr. qui, à 25,22 1/2, valent
4,757 liv. st. 3 sh. 8 p. 120,000

Le 5 février 1864, M. Bates, malade,
fait écrire que, sir Thomas Wyse étant
mort ; il ne voit pas d'inconvénient à

ce que l'empereur soit reconnu pour le prêteur réel des 400,000 fr.

BATTAILLE (Eugène), ancien complice du prince, employé près de lui à l'Élysée, pendant trois mois, candidat malheureux aux élections, demande, le 21 mars 1851, quelque argent et un caractère officiel ; entré au Conseil d'État dès 1854, M. Battaille a touché en dehors de ses appointements, de juin 1853 à mai 1855, 54,000 fr. (fonds politiques de l'intérieur); le 12 décembre 1856, 6,000 fr., et au moins, de juillet 1862 au 1ᵉʳ juillet 1864, 10,000 fr. par mois — 240,000 fr. total connu.. 300,000

En août 1864, Mᵐᵉ veuve Battaille demande des secours.

BAUZIL, limonadier à Marseille, agent électoral de Louis-Napoléon, demande avec instance par deux lettres à l'empereur, du 22 février au 29 mars 1860, le complément (7,000 fr.) d'une somme de 15,000 fr.. . . . . 15,000 dont le prince lui avait promis le payement en huit années. Il présente, à l'appui de sa requête, un passage d'une lettre qui lui écrivait, le 3 novembre 1848, M. Eugène Briffault, secrétaire du prince.

BAZANCOURT (Enfants du baron DE).
« L'empereur a daigné promettre de

» secourir les enfants laissés dans la
» misère par la mort du baron de
» Bazancourt. Sa Majesté a paru pen-
» ser que le meilleur moyen serait
» de donner à la mère, Mlle Déjazet,
» une certaine somme qui pût lui
» permettre de fonder un petit établis-
» sement de lingerie. Mlle Déjazet, à
» qui cet espoir a été donné, rappelle
» respectueusement à l'empereur sa
» pénible situation avec trois enfants,
» dont une grande fille. »

« Je reconnais avoir reçu de M. le
» général Fleury la somme de
» 10,000 fr., accordée par S. M. l'em- 10,000
» pereur aux enfants du baron de
» Bazancourt.

Paris, 15 avril 1865.

» Z. Déjazet. »

Bellune (Le duc de), attaché d'ambas-
sade à Lisbonne, écrit à M. Mocquart
pour remercier de diverses traites qui
lui sont envoyées de la part de l'empereur : 4,000 fr. en 1857, 4,000 fr.
en décembre 1860, 4,000 en 1861.. 12,000
De plus, en avril et mai 1861,
133,000 fr. ont été mis à sa disposition pour payer ses dettes.. 133,000
En 1857, 12,000 fr. ont été donnés
à la duchesse de Bellune. 12,000

Belmontet, bonapartiste zélé. On lui im-

prime ses vers. Il recommande des
brochures dont on paie les factures.
1850, frais de voyage, 1,000 fr.   1,000

La même année, probablement, il
demande à M. Mocquart, « vieux ami
de 1829, » 400 fr. . , ...   400
qui lui éviteront un protèt « toujours
fâcheux, surtout pour un homme
public. »

1852, pension 6,000 fr.   6,000

BENTIVOGLIO (Thaddea), reçoit à Smyrne
(mai 1865) en trois envois une somme
de 40,000 fr. et témoigne à l'empe-
reur sa reconnaissance   40,000

BESUCHET, ancien officier de l'Empire,
décoré par Napoléon Ier en 1815, se
constitue agent électoral volontaire
de Louis-Napoléon et fait les frais
d'une proclamation que le prince approuve, mais ne peut payer. Lui-
même se présente dans la Charente et
reçoit, au sujet de ses espérances et
de ses menées, la lettre suivante du
prince, alors à Londres : « Londres,
» 11 juillet 1848 (écriture de M. Moc-
» quart?). Mon cher monsieur Besu-
» chet, j'approuve en partie vos idées,
» et je crois aussi qu'il ne faut pas
» entièrement s'abandonner au ha-
» sard ; mais il faut bien éviter tout
» ce qui ressemblerait, même de loin,

» à une conspiration. Comme votre
» but et celui de vos amis est simple-
» ment de faire arriver aux affaires
» les hommes qui ont votre confiance,
» il faut, pour ainsi dire, travailler
» dans ce but ouvertement, et même
» le crier bien haut, afin que, si le
» pouvoir ose arrêter une association
» pareille, il soit dans l'illégalité.

» Je crois que vous auriez tort de
» venir à Londres dans ce moment.
» Quant à moi j'y resterai jusqu'à ce
» que je retourne en France. Il faut
» faire tout ce qui est possible pour
» que je sois réélu à Paris. Comme
» notre but est ostensible, on peut
» accueillir tous ceux qui se présen-
» teraient ; il ne faut pas d'exclusion.

» Recevez, etc.

» Voici mon adresse : au comte
» d'Arnberg, Army and Navy Club,
» Saint-James, 59. »

En 1867, M. Besuchet, inspecteur
général des prisons de 1re classe, rappelle qu'en 1866 il a remis à l'empereur des lettres intimes et documents
politiques.

BÉVILLE (Le général DE). Sa fortune ne
semble avoir commencé que vers la
fin de la présidence. On sait le rôle
qu'il a joué la nuit du 2 décembre. Il

a été aide de camp, puis préfet du palais.

Outre ses traitements, diverses
sommes lui ont été allouées, entre autres 25,000 francs pour un voyage en
1856 . . . . , ... 25,000

L'empereur l'a souvent employé à
l'acquisition et à la gérance des terrains et maisons des rues d'Albe,
François Ier et de l'Élysée. A ce titre,
il présentait des comptes particuliers
et maniait des sommes importantes.

BILLAULT. On sait que l'empereur lui a
donné un hôtel sur sa cassette. Nous
trouvons la note suivante : *Hôtels
Magne et Billault, à-compte* 1861 capi-
tal et intérêts, 587,104 fr. 50 c. 587,104

BOUFFET DE MONTAUBAN (Le colonel),
complice de Boulogne (longue captivité, 5 ans à Doullens), ruiné au service du prince, auquel il a fait un prêt
en 1848 ; a perdu une fabrique de
savon indignement volée pendant sa
détention. Receveur-percepteur à
Paris sous la présidence.

En 1849, M. Bouffet de Montauban
reçoit 25,000 fr. 25,000

Présent à l'Élysée la nuit du 2 décembre (c'est lui-même qui, dans une
lettre, insiste sur ce fait), il s'étonne
de faire antichambre chez M. Bure,
qu'il a connu plus humble.

Indigné de ne pas être appelé à quelque poste élevé, il s'apprête, après avoir par lettre épanché ses peines dans le sein du prince, à donner sa démission et à se retirer en Angleterre.

Le 8 mai 1852, il demande le payement d'une petite somme, 12 ou 1,300 francs de frais qu'a entraînés le prêt susmentionné et diverses poursuites relatives à sa fabrique.

En 1861, une dame Anaïs de Bouffet-Montauban, dont le mari a été nommé commissaire-priseur, et probablement cautionné de 20,000 fr., demande à l'empereur et obtient, sur la caisse des dons et secours, un surplus de 12,000 fr. 12,000

BRIFFAULT (Eugène), vieil ami et pensionné du prince.

En 1846-1847, nous le voyons porté pour 20 liv. ster. (500 fr.) sur le carnet du prince. En 1849, il est chef du secrétariat de la présidence. Représentant du peuple en 1850, il louait, rue Matignon, 18, un appartement de 5,000 fr. dont le prince payait les contributions, mais dont lui, M. Briffault, ne payait pas les termes. Congé par huissier le 3 septembre. En avril 1850, M. Briffault avait reçu 4,500 fr. 4,500

Sous l'Empire, malade et épuisé, il

dépense en voyages et en traitements
une pension de 6,000 fr. 6,000
dont on lui avance volontiers un trimestre ou une année, outre sa part
des fonds de l'intérieur (1853-1855),
10,600 fr. 10,600

Il n'en envoie pas moins de nombreuses lettres et demandes d'argent
et se plaint d'être abandonné. Il écrit
à la princesse Mathilde, et l'empereur
lui fait donner les 3,000 fr. qu'il demande (septembre 1863). 3,000

Il avait rédigé pour le compte du
prince, et non sans pertes, le journal
Le Napoléon (1). On a trouvé une opposition (1,600 fr.) pour fourniture de
papier, signée Doumerc, du Marais,
sur ses appointements.

BRUN (Marie). Août 1852, don de 2,000 fr. . . . 2,000

BRUNETIÈRE (Mme DE). 1853, pension de
2,400 fr. Elle habitait Londres. Elle
vient à Paris. 2,400

BRUNETIÈRE (Mlle DE). 1858 et *passim*, reçoit cinq ou six fois 5,000 fr. (probablement une dot) 25,000

---

(1) Le journal *Le Napoléon;* année 1851, vente et abonne-
ment, 25,407 fr. 84 c. Dépenses, 83,907 fr. 84 c. Perte pour le
président, 58,500 fr. Rédacteurs : Laya, Lherminier, Romieu,
d'Alaux, Grégoire, Brugnet, Monclar, Reybaud, Lafont, Damery,
Briffault; gérant : Jacquier.

Bure (Mme), nourrice de Louis-Napoléon, reçoit, jusqu'en 1850 environ, une rente de 300 fr. (notamment de 1844 à 1848). Dans un état de 1853, sa pension est portée à 2,400 fr. **300**

   2,400

Bure (J.), frère de lait de l'empereur, intendant du prince jusqu'en 1848, à 1,200 fr. d'appointements **1,200**

intendant de la présidence à 6,000 fr.   **6,000**

puis intendant général, chevalier de Légion d'honneur (1852, 2 décembre), et nommé, le 3 janvier 1853, trésorier général de la couronne, à 30,000 fr. (6,000 fr. pour frais de bureau, 5,000 fr. pour indemnité de logement).   **41,000**

avec rang à la cour; a épousé une personne de Ham, qui semble lui avoir apporté en dot la propriété des *Moyeux* (Seine-et-Marne).

M. Bure, malgré quelques observations faites sur les débuts de sa gestion sous l'empire, et qui touchent plus à la forme qu'au fond, a apporté dans l'exercice de ses délicates fonctions la plus grande exactitude et la régularité la plus inattaquable. Serviteur précieux, aucune dépense, si minime fût-elle, n'échappait à ses yeux. Nous ne donnerons de sa comptabilité qu'un ou deux échantillons, qui sont peut-être des curiosités historiques.

A la date du 5 février 1845, nous trouvons inscrite une fantaisie signi-

ficative du prisonnier de Ham : Payé
à M. Paulin « facture d'*un cliché du*
« *talisman de Chalemagne,* 12 fr. »

Le 29 avril 1846, immédiatement
au-dessous d'un envoi de 100 napoléons (avec le change, 2,025 fr.) à
M. Conneau, nous lisons ceci : « Achat
« de f^d (foulard), 3 fr. ; une b^e (blouse),
« 5 fr. 25 c. ; *idem,* 3 fr. 75 c. ; un b^{on}
« (bâton ? bourgeron ?), 3 fr. 50 c. ; un
« p^{on} (pantalon), 2 fr. 75 c. ; une ch.
« (chemise), 3 fr. 75 c. ; tablier et cra-
« vate, 2 fr. 50 c. ; diverses : potasse,
« cen(dre), braise, 75 c. ; en tout,
« 25 fr. 25 c. »

Or, c'est le 25 mai 1846 que Louis-
Napoléon, avec l'aide du docteur Conneau, s'est évadé de Ham, sous des
habits d'ouvrier.

Durant la captivité du prince,
M. Bure faisait valoir ses fonds, soit
par des opérations de change, soit à
la Bourse, perdant ou gagnant de
petites sommes (6,000 fr. de gain,
15,000 fr. de pertes en 1845-1846), sur
lesquelles il avait une remise de 3 p. c.
Il payait les dettes du prince et les
très-nombreuses pensions et libéralités qui grevaient son budget, modeste encore. Nous aurons à parler de
M. Bure dans nos études sur la liste
civile et sur les dépenses de Louis-

Napoléon. Nous nous bornons ici à ce qui lui est personnel.

En 1848, nous le voyons possesseur, comme prête-nom peut-être, de quatre-vingts actions du *National*, dont trente cédées dès l'origine à M. Bouffet-Montauban (nos 409 à 488), à 250 fr. = 20,000 fr. Après en avoir touché le dividende en juin 1848 (seul et unique bénéfice qu'aient réalisé les actionnaires du *National*), il transfère au duc de Brunswick les cinquante qui lui restent (septembre 1848). En janvier 1849, les trente de M. Bouffet-Montauban passent dans les mêmes mains.

Toujours en 1848, M. Bure prend cinquante actions des Cités ouvrières Chabert (l'affaire a été mauvaise), ci : 15,000 fr.

L'année suivante, il garantit, avec le prince, le cautionnement du journal *le Bienfaisant*, fournit par un sieur Tribalot.

Le 27 mars 1850, M. Bure avance au prince 2,000 fr. pour visiter *les casernes*. Le 25 avril, il prête sans reçu 4,000 fr. pour *la revue*. Nous citons ces petits faits parce qu'ils jettent quelque lumière sur les manœuvres du prétendant à l'empire.

Outre sa terre des Moyeux, nous trouvons la trace d'autres propriétés,

Envoyé vice-consul à Rosas, 6,000 francs.   6,000

M. Eug. Bure (janvier 1866) continue à crier misère ; il s'adresse cette fois à M. Conti ; il lui envoie un compte de ses dettes, qui, malheureusement, nous manque.

Plus tard, au moment de partir pour le consulat de Zanzibar (1868), il revient sur cette froideur peu filiale. Il s'exprime ainsi dans une curieuse lettre à l'empereur : « M. Bure, mon » père, qui m'a déjà pardonné tout le » mal que je lui ai fait. » (A cette occasion, M. Bure s'est décidé à demander pour lui des lettres de recommandation.)

Nous trouvons dans des comptes de 1846 quelques indications qui se rapportent probablement à M. Eug. Bure : 15 novembre 1846, voyage à Londres avec Mme C. (Cornu ou Camus) et *Eugène*, 952 fr., et plusieurs autres voyages d'*Eugène* à Étampes et à Ham.

C

CAMAS (Mlle DE), 1859 : 20,000 fr. en cinq mois (dot?)   20,000

CAMPANA (Comtesse et marquise Émilie [il y a là deux personnes sans doute,

mais les documents que nous possédons ne nous permettent pas d'établir
entre elles une distinction suffisante])
prête à Louis-Napoléon 33,000 fr.
Nous avons la traite : « Bon pour
» trente-trois mille francs que moi,
» la soussignée, je m'engage à payer à
» Mess. Borlini-Duprès, ou à son
» ordre, le 29 juillet 1851. Comtesse
» Émilie Campana, Rome, 29 avril
» 1851. A M. le prince Louis N. Bo-
» naparte, président de la République
» française, à Paris. »

En septembre 1852, Mme Campana
reçut du président 50,000 fr. 50,000

En 1853, elle peut tirer sur M. Bure
jusqu'à concurrence de 100,000 fr. 100,000

En 1866, elle obtient 10,000 fr.. 10,000

Dès 1856, elle figure pour une pension de 12,000 fr. × 14 = 162,000.   12,000

En 1870, la marquise Campana reçoit quatre mois de 10,500 fr.
= 42,000 fr.. 42,000

En tout, approximativement
400,000 fr.

CAMUS (Mme), reçoit dès 1841 diverses
gratifications, qui se transforment en
1846 en une pension de 1,600 fr. . .   1,600

C'est la caisse de M. Bure qui, avant
1848, paye l'installation, les meubles,
jusqu'au vin (une feuillette, 160 fr.)
de Mme Camus. En août 1849, sa pension est élevée à 6,000 fr.   6,000

Son fils ou son mari, M. Camus,
est directeur des domaines de la So-
logne.

Castille (Hippolyte). Pour une *Histoire
de soixante ans* qui aura dix volumes,
obtient une avance de 2,000 fr. annuels..   2,000
   (14 avril 1858) longue correspondance. En 1867, pour une brochure
de dix-sept feuilles, 5,000 fr.   5,000
   Le dossier de M. Hippolyte Castille
sera prochainement publié *in extenso*;
nous en tirons les indications suivantes : l'empereur a tout fait pour
s'attacher cet écrivain, qui n'a trouvé
que déboires dans sa carrière semi-
officielle. Sa pension de 6,000 fr., of-
ferte par M. Rouland, a été supprimée en 1863, puis à grand'peine réta-
blie pour deux ans. 50,000 fr., offerts
par l'empereur pour l'achat du journal *le Messager de Paris*, et qui devaient être avancés : 20,000 fr., par
un maire de Poitiers, 30,000 fr. par
M. de la Guéronnière, sur les fonds
alloués à la presse, n'ont jamais été
versés. Le maire de Poitiers a fait
faillite et s'est enfui; M. de la Guéronnière n'a fourni que 4,000 fr. M. Hippolyte Castille, ruiné, accablé sous le
poids de 100,000 fr. de dettes, a pu
méditer, à ses dépens, sur la faveur
des princes.

Césena (A. de), 2,000 fr. pour un travail sur les théâtres. 1852 (fonds secrets)   2,000

Chambure (Mme de), 1865, 19,000 fr   19,000

Conneau (Henri), fidèle ami, médecin et
médecin en chef du prince, directeur
des dons et secours. Sa vie est trop
mêlée à celle de Louis-Napoléon pour
que nous la retracions ici. Ses appointements avant 1848, l'acquisition de
la clientèle Berrier-Fontaine à Londres, sortent quelque peu de notre
cadre.

Comme médecin en chef il reçut
quatre ans 6,000 fr.   6,000
un an 12,000 fr.   12,000
dix-neuf ans 30,000 fr.   30,000

Comme trésorier des dons et secours, il disposait d'un budget de
1,200,000 fr. en moyenne.

Enfin une propriété en Corse, dont
nous ignorons la valeur.

Crouy-Chanel (Le prince de) reçoit fréquemment de la caisse des dons et
secours 500 fr., 1,000 fr. et plus.

De 1853 à 1859, les sommes données ainsi à M. de Crouy-Chanel s'élè-
vent au moins à 22,850 fr.   22,850

D

Dambry (Le général), en 1864, 3,000 fr.
par mois $\times$ 12 = 36,000 fr. 36,000

David (Le baron Jérôme). La commission a donné l'état des dépenses faites pour l'ameublement de M. Jérôme David. Ajoutons à ces libéralités, au moins en 1868-1870, 3,000 fr. mensuels sur la cassette. 36,000

Dusautoy, fondateur de *l'Époque*, a reçu de l'empereur (décembre 1867-avril 1868) une subvention (on a les reçus) de 275,000 fr. 275,000
en 1869-1870, 80,000 fr 80,009
agent électoral en 1848, remboursé de
· 450 fr.

F

Flippi, chevalier de la Légion d'honneur, ancien capitaine, ancien consul, versificateur et agent politique. En 1850, le prince lui alloue provisoirement 200 fr. par mois 2,400
Dès août 1852, dans une longue pièce de vers, il salue le prince-empereur. Il dénonce en même temps des menées anti-bonapartistes à la Rochelle, surveille les gendarmes et les autorités.

Il demande, pour retirer ses effets du mont-de-piété, 4,000 fr., pour payer ses dettes 10,000 fr. ; et une place de 7,000 fr. Le prince, en septembre, lui accorde une pension de 5,000 fr. 5,000

En octobre, il n'est pas encore placé et charge M. Bure de ses réclamations ; son nom figure plusieurs fois sur des notes destinées à être soumises à l'empereur. Enfin il obtient une place de régisseur (château de Pau ?)

FLEURY (Commandant, puis général), officier d'ordonnance du président, premier écuyer, puis grand écuyer et directeur des haras, finalement ambassadeur en Russie, a disposé de sommes énormes. On peut évaluer le minimum de son budget régulier à une somme de 1,200,000 fr. . . . 1,200,000

FOSSEY (Mme) reçoit, en mars 1861, 1,500 fr. 1,500
les mois suivants, 1,400 fr. 1,400
et depuis, régulièrement 350 fr. (4,200 fr.) 4,200

FOURNIER (Marc). 1868, 1,000 fr. 1,000

FRANCESCHETTI, Corse, ex-propriétaire du domaine de Casabianca, lié, par les Pasqualini et les Sebastiani, avec la docteur Conneau, qui le recommande à l'empereur. (Lettre datée d'Aléria,

7 juin 1861.) L'entremise et la garantie de l'empereur lui assurent un emprunt de 530,000 fr. au Crédit foncier, somme sur laquelle l'empereur verse lui-même 200,000 fr. 200,000

D'abord actionnaire principal, puis régisseur à 6,000 fr. 6,000

de sa propriété, vendue pour payer ses dettes, il sollicite en janvier 1864, 50,000 fr. qui semblent lui avoir été accordés 50,000

G

GAZAN (Mme). pension de 6,000 fr. . . 6,000

GEOFFROY, 1853, pension de 1,200 . . 1,200

GEORGE, (Mlle), 1853, pension de 2,000 fr. 2,000

GIRARD (Désirée) 1853, pension de 2,000 fr. 2.000

GORDON (Mme) célèbre complice de Strasbourg, a touché une pension de 4,800 jusqu'à sa mort 4,800
Sa sépulture a été payée 720 fr. 720

GOUVILLIEZ (Mme) parente de l'empereur, 1853, pension de 6,000 6,000

GRANIER (de Cassagnac) a rédigé, dans le courant de 1851, une brochure publiée au nom du prince et distribuée à 40,000 exemplaires.

Cette brochure lui a été payée
2,000 fr. 2,000
par l'intermédiaire de M. Chevalier,
trésorier de la présidence (5 août 1851).
Le 22 août, le prix du timbre, 2,000 fr.
a été versé par M. Bure à M. Chevalier et des mains de M. Granier a passé
dans celles de l'éditeur Plon 2,000
Dans les derniers temps, M. Gra-
nier, comme directeur du *Pays*, a
reçu de l'empereur 176,000 176,000

GRIMALDI (DE), banquier, s'est trouvé
mêlé de très-près aux affaires du
prince, de 1850 à 1852.
En 1850 on lui doit 50,700 fr. 50,700
Il fournit une traite de 102,000 fr. sur
Londres, remise au docteur Conneau.
Il écrit à ce dernier : « Voici, sous ce
« pli, *la lettre officielle convenue entre*
« *nous*, au sujet de la remise des
« 4,000 livres sterling. » 102,000
En 1851, il est l'intermédiaire
pour le prêt Narvaez, remboursé
l'année suivante entre ses mains. On
lit en marge d'une de ses lettres : *Lui*
réclamer les pièces originales du paye-
ment par M. L. Faucher.
Il propose d'ailleurs de compléter,
si besoin est, le remboursement. Lui-
même a prêté ou procuré une somme
de 350,000 fr. 350,000
dont 150,000 fournis par M. Lebœuf
de Montgermon, sénateur.

M. de Grimaldi a proposé au prince ou à son entourage de nombreuses spéculations et en a fait quelques-unes, si l'on s'en rapporte à une note annexée à une pièce d'août 1852 et ainsi conçue : 600,000 *fr. pour Grimaldi, avant le départ du prince* . . . . . . 600,000?

La même année, il propose un emploi de 25 millions en chemins de fer (Granville, Cette, Bordeaux, Bayonne, etc.). Il « a vu le ministre, « qui prêche à tous la fusion » (de deux compagnies sans doute, car on lit en marge : 800 *kilomètres*). Il désire que la concession soit faite avant la session des conseils généraux et confiée aux personnes les plus sérieuses (en marge : Ezpeleta, Granier de Cassagnac, Heeckeren) ; « que le « prince dise *Je veux*, comme il a fait « pour toutes les choses qu'il a voulu « faire réussir. »

Dans une lettre très-vive, non datée, où il annonce l'envoi à MM. Baring de 105,000 fr., il s'élève furieusement contre un *juif* qui l'a calomnié, et termine ainsi : « un dévouement de « cœur qui a précédé la fortune de « Son Altesse, et qui saurait au be- « soin y survivre. »

GUISOPHE (Mme), en 1869, pension de 6,000 fr. 6,000

Gwynne (Mary). Le nom de cette dame se trouve déjà dans les comptes de M. Bure durant la captivité de Louis-Napoléon, 1844-1846 ; ses relations avec lui sont donc antérieures à cette date. Elle reçoit dès cette époque une pension de 6,000 fr., qui n'a cessé d'être payée régulièrement, au moins jusqu'en 1868 6,000

En 1852, mariée à un médecin, qui n'a ni diplôme ni clientèle, elle demande 25,000 fr. pour l'établir . . . . . . 25,000 Accordé. Dans une pressante lettre à M. Bure, elle appelle l'empereur son bienfaiteur. Maintenant enceinte et réduite à la misère, elle rappelle à M. Bure (1853) les « preuves d'inté- « rêt, » les « marques d'amitié » qu'elle lui a données « lorsqu'elle était « heureuse. » Elle lui demande, *en échange*, de faire doubler sa pension de 6,000 fr. pour tout le temps que durera la préparation des examens de son mari, médecin.

En 1868, Mme Gwynne continue à demander des secours. L'empereur, qu'on engageait à refuser, donne un à-compte de 12,500 fr. 12,500

H

Haussmann père obtient, par l'intermé-

diaire de M. Conneau, le 8 avril 1870,
une somme de 3,000 fr.   3,000

Howard (miss), créée par l'empereur
comtesse de Beauregard. La commission a déjà publié les pièces qui éta-
blissent l'énormité des avances que
cette dame aurait faites au prince
avant le 2 décembre.

Elle recevait, en 1853, 400,000 fr.
mensuels, jusqu'à acquittement d'une
somme de plusieurs millions   4,800,000

K

Knussy (Mme), née Laübly, « fille du me-
» nuisier Laübly, à Ermatingen, près
» la maison du docteur Dobler, a
» épousé un sculpteur ; ils ne sont
» pas heureux et voudraient partir
» pour l'Amérique. Elle se dit fille de
» Sa Majesté. Une lettre a été écrite
» par elle à l'empereur, il y a huit
» jours, et lui a été remise par Hip-
» penmayer. » (Note de M. Bure, sans
date.)

L

Latour Saint-Ybars, « homme de lettres
distingué, » a reçu, le 10 juillet 1860,
2,300 fr. « pour exonérer son fils. »
(Reçu signé Mocquard.)   2,300

Léon (Le comte), personnage qui devrait
peut-être être rangé parmi les membres de la famille impériale. Il a toujours eu 6,000 fr. de pension . . .   6,000

Le 7 juillet 1853, le comte Léon, se
fondant sur des décrets impériaux des
30 avril, 8 et 31 mai et 29 juin 1815,
annulés par la Restauration, réclame
872,670 fr. qui lui auraient été attri-
bués par Napoléon Ier sur les prix de
vente des bois de l'État dans le département de la Moselle.

Il prétend actionner (1857) le ministre des travaux publics en payement de 500,000 fr. qui, dit-il, lui
seraient dus pour études prépara-
toires et démarches relatives au chemin de fer du Nord.

Il devait toucher après la mort de
sa mère, Mme de Luxbourg, une rente
de 19,000 fr. attribuée à cette dame
par Napoléon Ier lors de son mariage
avec M. Augier. Déshérité par Mme de
Luxbourg, il intente un procès aux
légataires (1868), ne cessant d'implo-
rer l'aide et la bienveillance de l'empereur. Le 10 août 1869, il demande
10,000 fr.; à diverses dates, 5,000 fr.,
7,000 fr. qu'il doit et ne peut rem-
bourser. Il sollicitait vainement, vers
la même époque, la concession des
boulevards des Amandiers et Parmen-

tier, et celle du chemin de Tours à
Montluçon.

On se contente de payer de temps
en temps ses dettes, notamment en
juin 1860, 7,202 fr. 50 7,202
et, en janvier-juillet 1864, 60,000 fr. . . . 60,000

De son côté la comtesse Léon écrit
qu'elle a un besoin urgent de 5 à
6,000 fr. Elle obtient la pension de
ses fils à Sainte-Barbe. Elle demande
aussi la faveur d'une commande
pour une mine belge où elle a des intérèts. Nous ne savons trop ce qu'il
est advenu de ces réclamations sans
fin et sans mesure ; aussi n'inscrivons-
nous en marge que les sommes dont
nous possédons les reçus.

LÉON (Charles) et LÉON (Gaston), élèves ;
1870, prix de leur pension 1,100 fr.   1,100

LORETTE (Mme) « veuve d'un *homme mort
en votant.* » Pension de 600 fr. . .   600

LOUIS-NAPOLÉON. (Même réserve que pour
le comte Léon.) Les comptes de M. Bure,
1844-1848, nous présentent souvent,
dans les années 1845-1846, cette indication : mois de nourrice de Louis,
32 fr. ; divers achats de linge ou de
cadeaux pour la nourrice sont aussi
mentionnés.

Le 29 avril 1870, un jeune homme
qui signe Louis - Napoléon arrive
d'Amérique à Paris, et le lendemain

écrit à l'empereur une lettre dont nous détachons les renseignements et les extraits suivants :

Laissé dans l'obscurité et dans l'ignorance de son origine, le jeune Louis s'engagea sans doute et demeura au Mexique, pour y végéter de longues années ; il se maria à Puebla, où la mère de sa femme lui aurait administré du poison.

Il prétend avoir vengé la mort « d'un » de ses parents, le duc de Reichstad, » en la personne de Maximilien, archiduc d'Autriche. « Il ne nous reste plus, » dit-il, que la mort de notre oncle » Napoléon Ier à venger ! »

Enfin échappé à la mort « au Mexique et ailleurs, » il est arrivé par son travail à mettre en mesure de revoir la France et « le père chéri, » qui lui *aura* pardonné. Il revient plein d'ardeur pour le travail.

« Nous aurons beaucoup à causer. » Tous mes souvenirs d'enfance, je les » ai encore bien présents à la mé- » moire.

» ... Cher père, je vous en supplie, » rendez-moi à moi-même. Recevez- » moi dans vos bras paternels, que j'aie » au moins ce bonheur de vous voir, » de vivre à vos côtés, comme un » homme honorable. Si vous m'aimez » comme je vous aime, toute froideur

» sera rompue, je désire vous faire
» oublier le passé et qu'on dise de
» votre Louis : il fait l'honneur de son
» père et soutient dignement son nom.

» ... Je me suis dirigé hier à la mai-
» son du notaire Bournet de Veron,
» rue Saint-Honoré, n° 83 ; j'ai vu affi-
» chée la vente d'une maison à Rueil
» au prix de 140,000 fr. Je puis y vivre,
» jusqu'à ce que je vous aie prouvé
» mon aptitude et mon sincère repen-
» tir. Je crois que vous m'accorderez
» bien ceci, je suis si content de me
» voir enfin rentrer en grâce...

» Je vais aujourd'hui me retirer à
» Rueil, voir Édouard Bossu, mari
» d'Alexandrine Vergeot, ma sœur
» adoptive, à moins que vous dispo-
» siez autrement. Cependant j'ai à re-
» mercier Dieu et faire une prière sur
» les tombeaux de mes aïeux ; puis-
» que je suis arrivé, c'est le moins que
» je puisse faire, et c'est mon devoir,
» comme chétien et fils respectueux.

» Louis-Napoléon. »

M

Marrast mère (Mme) a reçu jusqu'à sa
mort une pension de 2,400 fr. 2,400

Marrast (Achille). En 1855, pension de
6,000 fr. En 1856, M. Ach. Marrast, 6,000

qui vient de perdre sa mère et qui n'a pas « de quoi la faire enterrer, » demande un supplément de secours et reçoit, en mars 1856, 5,000 fr. le 9 janvier 1857, 2,000 fr. 7,000

Mme Marrast, en 1865, pension de 4,000 fr. . 1 4,000

MIRÈS, propriétaire du *Journal des chemins de fer*, a dépensé plus de 400,000 fr. dans l'intérêt de l'industrie ; il invoque la protection de Son Altesse (1851-1852).

MONSELET (Ch.), 17 mars 1854, reçoit 500 fr. par l'intermédiaire de M. Albert de Dalmas, sous-chef de cabinet. . . . 500

MONTHOLON (Comte DE), l'un des plus anciens et des plus aventureux serviteurs de Louis-Napoléon. En 1839-40, à l'époque de Boulogne, il avait fait pour 30,000 fr. de traites garanties par le prince. En 1846, après son évasion de Ham, le prince donne aussi sa garantie aux éditeurs Paulin et Ch. Mévil pour la publication du récit de la captivité de l'empereur à Sainte-Hélène par M. de Montholon. En 1848 et 1849, le général est un des principaux agents électoraux de Louis-Napoléon, il dirige l'armée des afficheurs et des colporteurs, et les paye avec l'argent des comités, avec celui qu'il peut se procurer, et surtout avec son crédit, qu'il exploite jusqu'à épuisement. Nous possédons des cinquantaines de traites signées Montholon et des billets à ordre, toujours acquittés, parfois non sans peine, par la caisse de M. Bure. La pénurie relative du prince, en 1848, ne peut être mieux établie que par les réclamations nombreuses d'afficheurs et d'ouvriers non payés.

En 1852 (avril), M. de Montholon reçoit 50,000 fr. 50,000
De plus, il jouit d'une pension de 6,000 fr. 6,000

Montholon (Mme de), femme du précédent, reçoit aussi une pension de 6,000 fr. 6,000

Montijo (Comtesse). Il lui est fourni, en 1861 (janvier), une traite sur Madrid de 600,000 fr. 600,000

Mornay (Comtesse de) reçoit, en 1857, un prêt de 50,000 fr. 50,000

Morris (Général) touche, en 1863 et 1864, une somme de 64,000 fr. à raison de 8,000 fr. par trimestre 64,000

Moskowa (Edgard Ney, devenu en 1857 prince de la).

Comme organisateur de la vénerie, il a manié régulièrement, en 1852 et années suivantes, environ 200,000 fr.

par an. Ses appointements d'aide de camp étaient de 12,000 fr. Nous avons de lui une lettre du 25 février 1852, où il demande 300 fr. et pense bien que M. Bure ne sait pas plus que lui où il en est de son traitement. Vers 1862, ses créanciers devinrent exigeants, et l'empereur lui paya ses dettes, à raison de 22,000 fr. par mois, d'avril 1862 à octobre 1863. Total 400,000 fr. 400,000

O

ORNANO (Marquis CUNEO D'). Nous trouvons, à ce nom, la lettre suivante, qui vaut la peine d'être reproduite :

« SIRE, je supplie Votre Majesté
» d'excuser ma franchise et ma har-
» diesse. *Je nourrissais l'espérance*
» *d'une position à Paris.* Les bonnes
» dispositions exprimées par Votre
» Majesté en ma faveur m'en avaient
» presque donné la certitude. J'ai
» éprouvé depuis de cruelles décep-
» tions. Il ne me reste plus qu'à lui
» faire savoir que je ne suis pas si
» étranger à la famille impériale qu'on
» s'est plu à le manifester.
» Je faisais partie, avec mon père,
» de la société particulière de M. le
» comte de Saint-Leu pendant son
» long séjour à Rome. Mon oncle le

» prélat, surtout, avait des relations
» d'amitié avec lui, comme le consta-
» tent les lettres du prince que je con-
» serve près de moi. M. le général
» Armandi le sait parfaitement. J'ai
» suivi avec le prince Napoléon, frère
» de Votre Majesté, le cours de phy-
» sique expérimentale à la Sapienza
» de Rome. J'ai failli être empri-
» sonné, en 1840, lors du débarque-
» ment de Boulogne, me trouvant
» alors à Paris, comme Mme Salvage
» de Faverolles peut le confirmer.
» J'ai été employé par Mme la prin-
» cesse Pauline Borghèse dans ses
» affaires litigieuses avec son mari ; et.
» mon oncle, qu'elle appelait son ami,
» régla avec succès ces différends et
» la fit rentrer dans ses droits
» d'épouse et de sœur de l'empereur
» Napoléon. J'ai une liasse de lettres
» de cette malheureuse princesse à
» cet égard. La reine Caroline, elle-
» même, s'était fait guider par mon
» oncle dans des questions d'intérêt
» avec le cardinal Fesch, comme les
» lettres de cette princesse en font
» foi. Le prince et la princesse de Ca-
» nino, Lucien et Alexandrine Bona-
» parte, étaient si intimement liés
» avec mon oncle, qu'ils appelaient
» leur parent, qu'ils m'offrirent la
» main de leur fille Jeanne, que des

» raisons politiques, la position de
» mon père et la loi du 12 janvier
» 1816 me forcèrent, malgré moi, à
» refuser : ce qui est attesté par une
» correspondance suivie. J'ai été
» moi-même en rapport avec M. le
» comte de Survilliers, dont j'ai des
» lettres qu'il m'adressa à l'égard de
» la cathédrale d'Ajaccio.

» Je vais donc quitter Paris et la
» France avec le regret de ne pouvoir
» servir Votre Majesté. Mes vœux la
» suivront du moins, dans tout ce
» qu'elle fera de grand pour le bon-
» heur de la patrie.

» Je suis avec le plus profond res-
» pect, Sire, de Votre Majesté, le très-
» humble et très-fidèle serviteur et
» sujet.

» Marquis d'ORNANO,
rue des Beaux-Arts, 10.

« Paris, 19 août 1862. »

Nous ne savons si l'auteur de cette
lettre est le même que M. Cuneo d'Ornano, président du tribunal d'Ajaccio,
qui légalisait, en 1852, la signature de
Mme Marianne Bonaparte.

ORSAY (Le comte d'), lié avec Louis-Napoléon en Angleterre, reçut sous la présidence une pension de 24,000 fr. . 24,000
Après sa mort, pour liquider ses

dettes en France, que Laffitte (août 1852) évalue à 30,484 fr. 30,484

sa pension est affectée durant un an à ses créanciers.

ORSI, qualifié « ami du prince » dans une lettre de M. Bouffet-Montauban (1861), était 'en effet lié avant 1848 avec le prétendant. Il était, avec son associé, M. Armani, à la tête d'une entreprise industrielle (*metallic lava*) et financière. Leur maison recevait, dès cette époque, certains fonds déposés par le prince et destinés à divers payements, par exemple aux pensions Gwynne, Brunetière, Gillemand, Wezyk.

Le 14 mars 1851, M. Orsi a besoin de 5,000 fr. et les demande à M. Bure,   5,000 pour un mois environ. Il est, au moins dès cette époque, représentant à Paris de la maison Orsi et Armani.

En 1852, c'est par ses mains que passent les remboursements Rapallo (250,000 fr.).

En 1854, il lui est alloué, sur les fonds de l'intérieur, 50,000 fr. 50,000

En 1856 et en 1857, il touche 5,000 fr. par mois; depuis 1858, ré-   60,000 gulièrement, par mois, 1,000 fr.; ce qui donne à penser qu'il était pour le prince autre chose et plus qu'un banquier et qu'un dépositaire. 12,000

Parmi les entreprises où M. Orsi a tenté de mettre à profit la reconnaissance impériale, nous pouvons citer l'ouverture projetée de la rue de l'Impératrice. Nous avons, du 16 novembre 1863, une lettre où il demande à M. Mocquard si, « étant
» donné un capital assuré de 100 à
» 120 millions, avec un conseil d'ad-
» ministration et des demandeurs en
» concession offrant toute garantie,
» M. le préfet serait disposé à nous
» écouter pour le percement de la rue
» de l'Impératrice. » Dans un résumé annexe, nous lisons : « M. Mocquard
» demande à l'empereur si Sa Majesté
» l'autorise à interroger à ce sujet
» M. Haussmann ; » et, au-dessous, au crayon : « Oui, l'empereur con-
» sent. » En tête : « Le 24 novembre
» 1863, envoi à M. Orsi d'une lettre
» pour M. Haussmann ; classement
» particulier. »

P

PELOUX (Mme), à partir d'août 1864, pension de 1,000 fr. mensuels. . . . 12,000

PEREIRE. Cette maison semble avoir de tout temps entretenu des relations financières avec l'empereur. Nous en trouvons, à partir de 1860, des traces

nombreuses et importantes. Il y a un
compte Pereire auquel sont portées,
en 1860, les sommes suivantes, avan-
cées à l'empereur pour l'acquisition
des terrains des rues d'Albe et de
l'Élysée, et de l'hôtel Wittgenstein :
120,000 fr., 136,029 fr., 145,000 fr.,
167,500 fr., 155,000 fr., 250,000 fr.,
128,223 fr. ; en tout, 1,101,852 fr. . . . 1,101,852

En juillet 1861, M. Pereire reçoit,
à valoir sur sa créance, 285,478 fr. . . 285,478

En 1861-1862, M. Pereire prête au
duc d'Albe 500,000 fr. (remboursés
par qui?) 500,000

Il avance, en outre, pour les con-
structions, 1,500,000 fr., dont on lui
paye les intérêts. 1,500,000

En 1863, il verse le solde du prix
de la vente des hôtels, rue de l'Élysée,
442,092 fr. 25 c. 442,092 25

On lui paye des intérêts, qui s'élè-
vent, par semestre, à 35,000 fr.

PERSIGNY (FIALIN, comte, puis duc
DE). Ses menées et son rôle politiques
sont trop connus pour qu'on insiste
sur la part qu'il prit aux élections
de 1848.

Le 28 août 1849, écrivant de Berlin
à M. Burc pour le remercier d'un effet
de 2,500 fr., il termine ainsi sa lettre :
« Gardez bien la clef de votre coffre-
« fort, car vous en aurez bientôt be-
« soin. » 2,500

En 1853, le livre de chèques de l'empereur porte cette indication à la souche : « Persigny 60,000 fr., « dernier payement. » 60,000

Pendant son ministère de 1857, il avait promis, sur les *fonds politiques de l'intérieur*, 300,000 fr. à divers personnages, dont était M. le marquis de Gricourt.

En novembre et décembre 1867, dans un compte Mocquard (notaire), on trouve, au nom de M. de Persigny, deux sommes de 40,000 fr. et, en 1869-1870 80,000

sept payements de 40,000 fr. et un de 20,000 fr., en tout 300,000 fr 300,000

Pharaon (Florian) reçoit 2,000 fr. par mois depuis 1868 24,000
L'empereur lui donne, en trois paye-ments, pour son journal *l'Étincelle*, une somme de 150,000 fr 150,000

Piemontesi, ancien maire de Montmartre (1866), 7,000 fr. (dépenses électorales en 1848) 7,000

Pierre (Vicomte de la), attaché au corps expéditionnaire, écrit de Mexico, 10 mars 1865, à M. de Morny, pour lui proposer, ainsi qu'à l'empereur, l'acquisition *des mines d'or et d'argent de Guanajato*. A sa lettre est jointe une note à l'appui, qui doit être de

M. Laur, ingénieur, et qui mérite toute confiance.

« Votre Excellence, dit M. de la
» Pierre, n'ignore pas qu'il a été ques-
» tion autrefois pour l'empereur
» d'acquérir *des mines en Californie*,
» notamment dans le district de Ma-
» riposa. L'affaire actuelle convien-
» drait mieux à Sa Majesté, ce me
» semble, d'abord par la discrétion,
» le secret se trouvant renfermé entre
» trois personnes, chose qui n'a pas
» eu lieu pour les acquisitions de Ca-
» lifornie dont on a parlé, même en
» France et publiquement... Le capi-
» tal, divisé en douze cents actions
» au porteur de 5,000 piastres cha-
» cune, suffirait à faire disparaître la
» personnalité de Sa Majesté et celle
» de Votre Excellence. »

La production annuelle étant de 4,959,727 piastres d'argent et de 453,041 piastres d'or; le bénéfice net du fabricant, de 25 p. c. (1,353,192 piastres ou 6,765,960 fr.) : le capital social (30,000,000) et le fonds de roulement (3,000,000 dont 1,500,000 immédiatement nécessaires) pourraient être remboursés en cinq ans, à raison de 6,000,000 annuels.

Il est plus que probable que la mort du prince Maximilien et celle du duc

de Morny firent avorter cette fruc-
tueuse opération.

PONSARD (F.) a « reçu de l'empereur,
» par les mains de M. Mocquard, la
» somme de 25,000 fr. » (2 avril 1858.
Reçu signé).   25,000

PUYSÉGUR (Mme DE), née Saint-Arnaud;
dot, en trois termes, 300,000 fr. Nous
avons le reçu de deux de ces termes
(juillet-novembre, sans date)   300,000

Q

QUERELLES (Mlle Hermine), sœur du vicomte de Querelles, complice de
Strasbourg; pension, 2,400 fr. . .   2,400

R

RAPALLO. Ce nom figure, avec ceux des
industriels banquiers Orsi et Armani,
sur des documents antérieurs à la
présidence. M. Rapallo, en 1848 ou
1849, a prêté au prince une somme
de 250,000 fr   250,000
Le 30 mars 1850, il demande 4,500
francs arriérés et 1,000 fr. par mois,
ce qui ne fait même pas l'intérêt à
5 p. c. En octobre 1850, embarrassé
par suite d'engagements pris à l'oc-

casion du départ de son fils pour Calcutta, il fait demander par M. Orsi une somme de 7,500 fr. imputable sur le capital et les intérêts de sa créance. On lui doit d'ailleurs 10,000 fr. d'arriéré.

Enfin, avant la fin de 1850, il a été remboursé de 25,000 fr., puis, en 1852, de 210,000 fr. Reste dû, à cette époque, 15,000 fr. Le 14 avril 1856, Rapallo se déclare satisfait de ses avances, et s'en remet à la générosité de l'empereur pour une pension. Dans la même lettre, il annonce la remise, à à un tiers désigné, de sa correspondance avec le prince Louis (1).

REGNAULT DE SAINT-JEAN D'ANGÉLY (Comtesse DE), pension 6,000 fr.   6,000

---

(1) MONSIEUR,

Pour prouver à Sa Majesté l'empereur mon dévouement à sa personne ainsi qu'à sa cause, depuis que j'ai eu l'honneur de le connaître, je désire finir comme j'ai commencé.

Moi Ernest Rapallo, déclare avoir reçu de Sa Majesté l'empereur, toute satisfaction pour mes avances, présent, passé et avenir, et laisse à sa générosité de faire pour moi ce qu'elle croira pour rendre le reste de mes jours heureux.

En outre, je m'engage à remettre entre vos mains toute la correspondance que j'ai eue avec Sa Majesté.

J'ai l'honneur d'être, Monsieur, votre très-humble et très-obéissant serviteur.

E. RAPALLO.

Paris, 14 avril 1856.

Reinert, agent électoral bonapartiste,
brasseur, se plaint, dans des lettres
burlesques, que ses opinions lui aient
fait perdre sa clientèle. L'empereur,
de sa main, lui alloue 50,000 fr. sur
sa cassette (février 1854). 50,000

S

Saint-Amand (D^{elle} Adèle de), en 1850,
pension de 2,000 fr. 2,000

Saint-Arnaud (La maréchale), pension
de 20,000 fr. 20,000

Saint-Georges (De), 1865. Pension de
6,000 fr. qui lui est servie à Bruxelles.   6,000
En décembre 1860, M. de Saint-
Georges a reçu 25,000 fr. 25,000

Saint-Simon (Marquise de), de 1866 à
1869, 9,000 fr. aux dons et secours. . . . 9,000

Sandon (Léon), pensionné après sa sortie
de Charenton, a reçu de janvier à août
1870, par les mains du docteur Conneau, 4,000 fr. 4,000

Santini, gardien du tombeau de l'empereur, reçoit sur les fonds de l'intérieur un traitement de 3,000 fr. . . .   3,000

Saurin (Général). 1864, par mois, 3,000
francs. 36,000
En 1865, 5,000 fr. par mois. 60,000

Schaller (de), colonel, complice de Strasbourg, est fréquemment secouru. A partir de janvier 1859, il jouit d'une pension de 12,000 fr. 12,000

En 1862, il avait déjà, sans compter son traitement, reçu par sommes annuelles de 20, 25, 15,000 fr. une allocation de 120,000 fr. sur la cassette. . . 120,000

En 1863, une nouvelle somme de 50,000 fr. . . . . 50,000 est mise à sa disposition; en 1864, c'est encore 28,500 fr. 28,500

M. de Schaller avait éprouvé de grands malheurs vers 1865. Sa femme, dans une maison de santé, lui coûtait 450 fr. par mois, au moment même où des spéculations malheureuses, entreprises pour sauver son gendre M. Forel, industriel dans les Vosges, l'avaient mis aux abois; il aurait voulu, outre 40,000 fr. qui lui furent accordés . . . . 40,000 le payement mensuel de la pension de sa femme.

Stadler (Eug. de), homme de lettres, 21 janvier 1868, a reçu 6,000 fr. de M. Piétri (Franceschini) . . . . 6,000 Ailleurs, 2,000 fr. pour un travail commandé par M. de Persigny. 2,000

Strode touche, à titre inconnu, une somme totale de 900,000 francs par 50,000 francs mensuels, échelonnés

sur le second semestre des années
1862-1863-1864 900,000

STUPUY (père), blessé le 2 décembre,
pension de 2,000 fr. 2,000

SYLVESTRE (Théophile), depuis 1867 ,
12,000 fr. par an sur la cassette. . . 12,000

T

T. (Mme?) Nous trouvons allouées à cette
dame inconnue les sommes de 90,000,
30,000 et 80,000 fr. toutes pour l'année 1857. La mention *pour solde*
montre qu'il s'agissait d'un payement
convenu et une fois fait de 200,000 fr. . . 200,000

TARENTE (Duc DE), en 1869, reçoit par
2,000 fr. mensuels une somme de
24,000 fr. 24,000

TASCHER, famille nombreuse alliée aux
Beauharnais, et, par suite, aux descendants de la reine Hortense.

Le comte Tascher de la Pagerie, parent et aide de camp d'Eugène, vice-
roi d'Italie. Un décret du 21 juin 1852
lui alloue une pension de 6,000 fr. . 6,000
Est-ce lui qui, dans une note autographe de l'empereur, au crayon,
devient le duc Tascher?

Tascher (Ch.), chef d'escadron, sol-

le prince Pierre en une augmentation
de pension.

THEIL (Mlle), Mme Lespiau (juin 1858) :
un titre de rente dont le produit
(24,951 fr. 50 c.) est destiné à lui
constituer une dot. 24,951 50

V

VALENCY (BOSSU DE). 1850, 500 fr. 500
don du prince pour la remise de la
correspondance avec M. Joly (?);
1856, don de 10,000 fr. 10,000

VERGEOT. Ce nom revient fréquemment
dans les pièces que nous analysons;
il est porté par un très-ancien serviteur du prince et par une dame ou
demoiselle Alexandrine, très-favorisée
en tout temps. On n'aura pas oublié
que le personnage qui signe Louis-
Napoléon et se dit fils de l'empereur
l'appelle sa sœur adoptive. Voici, sans
autre commentaire, les renseignements recueillis :
Avril 1865, Alexandrine Vergeot
remboursé 200 fr. (?), quelle devait
sans doute à quelque créancier 200
Juillet 1845, vendu au nom de Ver-
geot 390 fr. de rente 5 p. c., 9,473 fr. . . . 9,473
14 octobre 1845, *acte de reconnais-*

sance des enfants Vergeot (au notaire,
30 fr.).

Janvier 1847 et mois suivants,
Alexandrine Vergeot touche une pension de 1,600 fr.   1,600

Mars, loyer 1,000 fr., plus une
somme de 3,000 fr.   4,000

Août, gratification, 500 fr. ; une
pièce de vin, 200 fr.   700

Novembre 1848, loyer, un terme et
demi, 310 fr.   310

Vin, vaisselle, meubles, lingerie,
pendule, ustensiles de cuisine ; en
tout, 3,440 fr. 05 c.   3,440

1er mars 1849, pension mensuelle,
500 fr.   6,000

De décembre 1850 à juillet 1851,
A. Vergeot reçoit, en sept payements,
une somme de 50,000 fr.   50,000

1er août 1852, Alexandrine Vergeot
reconnaît avoir reçu de M. Bure pour
cinquième et dernier payement, par
ordre du prince-président, 5,000 fr.
A supposer les payements égaux, c'est
un don, peut-être une dot, de 25,000 fr. . . .   25,000

Alexandrine figure encore, sur la
liste des pensions en 1853, pour 6,000
francs mensuels ; mais l'article qui la
concerne est rayé au crayon.

VIGNON (Claude). Pension de 6,000 fr.,
à partir de septembre 1862.   6,000

W

Waldor (Mme Mélanie) a reçu, en 1858,
une somme de 5,000 fr.   5,000
En décembre 1856, elle sollicite
pour son cousin, M. Moret d'Aigue-
belle, une sous-préfecture dans le
Midi.

Elle offre, en 1865, une cantate,
Paris au désert, intercalée dans une
pièce de circonstance (Voyage de l'empereur en Algérie).

Enfin nous la trouvons portée, en
1869, pour une pension de 6,000 fr.   6,000

Au dernier moment, nous retrouvons encore les documents suivants qui nous paraissent de nature à être publiés à la suite de notre travail.

Le journal le Peuple français *a reçu chez Marcuard-André.*

1869.	1er mars.	50,000 fr.
	1er avril.	50,000
	27 avril	40,000
	29 avril	50,000
	2 juin	50,000
	14 juin	50,000
	1er juillet	50,000
	21 juillet	50,000
	2 août	50,000
	17 août	50,000
	2 septembre	50,000
	16 septembre	50,000
	2 octobre	50,000
	15 octobre	50,000
	2 novembre	50,000
	13 novembre	50,000
	25 novembre	50,000
	7 décembre.	27,000
	17 décembre	50,000
1870.	5 janvier	50,000
	17 janvier	50,000
	5 février.	50,000
	26 février	50,000
	25 mars	50,000
	11 avril.	50,000
	30 avril	50,000
	1er juin.	50,000
	9 juillet.	50,000
	30 juillet	50,000
	Total. . . .	1,417,000

Quel bon moyen de rouler l'opposition.

NOTE SUR LE RÔLE DE LA PRESSE DANS LES ÉLECTIONS DE 1869 (PAR M. F. GIRAUDEAU).

30 mars 1868.

Jusqu'à ce jour, le ministère de l'intérieur a cru nécessaire de décourager toutes les candidatures qui pourraient se produire à côté de la candidature officielle, de traiter en *ennemi de l'empire* quiconque n'aurait pas reçu le patronage administatif.

L'opposition en a profité. Elle a excité, circonvenu, choyé toutes ces ambitions contrariées. Sous prétexte *d'union libérale*, elle a peu à peu attiré vers elle tous ces candidats équivoques, dont la plupart eussent accepté, dont beaucoup avaient sollicité l'investiture officielle.

Elle les a faits *siens*, et le gouvernement sembla battu quand le suffrage universel lui envoyait des hommes qui ne demandaient qu'à le servir.

C'est ce mal qu'il faut éviter. C'est sur ces candidatures équivoques que doit se porter toute l'attention du gouvernement; car c'est par elles qu'on arrive au second tour; *et c'est au second tour* (on peut en être certain) *que se feront les élections de 1869*. A Paris seulement, l'opposition compte présenter une liste appuyée par la coalition des journaux hostiles. Partout ailleurs elle compte susciter autant de candidatures indépendantes qu'il s'en pourra trouver, afin de concentrer, au second tour, sur un seul nom, tous les suffrages disséminés à la première épreuve.

C'est là le point essentiel, l'objectif qu'il ne faut pas perdre de vue.

On pourrait craindre qu'une transaction affaiblit le principe des candidatures officielles, ce qu'il faut soigneusement éviter. La candidature officielle est une nécessité gouvernementale. Habilement, modérément pratiquée, dégagée des maladresses et des excès qui l'on trop souvent compromise, elle défiera toutes les attaques.

Il y aurait un moyen, selon moi, de concilier ce double intérêt.

C'est ce moyen que vous m'avez demandé de vous exposer. Je vais essayer de le faire.

Élections de Paris.

Les élections de 1863 ont été mauvaises.

Si l'administration suivait les errements classiques, celles de 1869 seraient plus mauvaises encore. Les noms des députés de Paris auraient une couleur bien plus tranchée que ceux des derniers élus. On parle déjà de porter Félix Pyat, Victor Hugo, etc.

Sur quel moyen compte l'opposition pour réussir? Sur le moyen par lequel elle a réussi en 1863 : sur une coalition de journaux.

Il faut empêcher cette coalition de se former, ou plutôt il faut la retourner contre l'opposition : c'est possible.

Le vote de la loi sur la presse et sur le droit de réunion, la présence de tous les ministres à la Chambre, transformation libérale du régime de 1852, inspirent à la partie éclairée de l'opposition le regret de s'être engagée dans la voie de l'hostilité dynastique.

Elle comprend que le moment arrive, que le moment est venu où elle pourrait, avec de sérieuses chances de succès, aspirer à la vie politique. Or, il faut bien le dire, la principale cause de l'hostilité de la jeunesse (et c'est la seule hostilité véritablement dangereuse), ce n'était pas une question de principe, c'était une question d'intérêt. Elle regrettait surtout le régime parlementaire, parce qu'il permettait à toutes les capacités de se faire jour, et que l'empire n'offrait pas aux jeunes talents de plume ou de parole d'assez larges issues.

Mais, l'empire devenant libéral, la vie publique se ranime ; la parole reconquiert son influence et son prestige. M. Pinard est porté fort jeune au ministère par sa réputation d'orateur. Le rôle de la presse s'accroît. De plus grandes destinées s'offrent partout à la jeunesse intelligente. On le sent et l'on attend (1). Qu'attend-on ? La première occasion d'entrer dans la voie de l'opposition sans arrière-pensée, de l'opposition dynastique, de l'opposition constitutionnelle.

La lettre du 19 janvier devait être cette occasion. Mais les généreuses intentions de l'empereur furent si gauchement exécutées que la confiance ne vint pas et que l'élan fut pour ainsi dire arrêté avant de s'être produit.

Une réaction commence à se manifester. On apprécie plus sainement les concessions faites. Que le gouvernement par ses paroles, que l'administration par sa pratique quotidienne se mette en harmonie avec la situation nouvelle et l'occasion perdue renaitra d'elle-même.

Le ministre de l'intérieur, par son derniers discours, a déjà esquissé ce programme. Que le gouvernement, sous une forme ou sous une autre (voir l'annexe A),

(1) Comme tous les jeunes avocats avaient, il y a six ans, les yeux fixés sur M. Émile Ollivier, prêts à le suivre s'il eût réussi, tous les jeunes écrivains ont aujourd'hui les yeux fixés sur M. C. Duvernois, impatients de savoir s'il sera plus habile ou plus heureux que son devancier de la tribune.

adresse un nouvel appel à l'accord sur le terrain constitutionnel : il sera entendu. L'opposition se scindera
en deux parts. La meilleure, la plus intelligente, la
plus vivace se séparera des ennemis systématiques.

A *l'Union libérale*, si elle tente encore de grouper
ses débris, elle opposera *l'Union dynastique* (1).

L'Union dynastique se formerait par la presse, sans
que le gouvernement dût intervenir. On procéderait
de la sorte :

L'administration présenterait, comme de coutume,
une liste de candidatures officielles que soutiendraient
la France, *le Constitutionnel*, *la Patrie*, *l'Étendard* et
le Pays.

L'opposition radicale, légitimiste et républicaine,
aurait également ses candidats, qu'elle voudrait fondre
en une liste placée sous le patronage .éclectique de
l'Union libérale.

(1) Cette dénomination ne m'appartient pas. Elle a été trouvée
par M. Duvernois, qui, de son côté, se préoccupait du second tour
et cherchait (par d'autres combinaisons) à opposer à *l'Union libérale*, cette ligue de tous les mécontents, une ligue de conserva-
teurs de toute nuance et d'amis de tous degrés. Il adhérerait à ce
programme. Il se ferait l'instigateur et l'organisateur principal de
l'Union dans la presse de Paris et de province.

Le pourrait-elle si *l'Union dynastique* s'était assuré le concours des journaux suivants :

L'Époque;
La Liberté ;
Le *Journal des Débats;*
Le Temps ;
La Presse;
Le *Journal de Paris ;*
L'Avenir National ;
Le Courrier français (ou tout autre journal économique populaire, créé ou à créer);
L'Univers;
Le Monde ;
Le Figaro.

Devant un tel faisceau que pourraient faire *le Siècle* et *l'Opinion nationale,* la *Gazette de France* et *l'Union ?*

Pourraient-ils seulement s'unir ?

Or, pour former ce faisceau, il suffirait de donner à chacun de ces journaux un candidat dont il considérât la réussite comme un succès personnel.

Ainsi on pourrait prendre (je n'ai pas naturellement la prétention de dresser une liste ; j'indique seulement des noms-types) :

Pour *la Liberté*, M. Émile Ollivier.

Pour *l'Époque*, M. C. Duvernois.

Pour *le Temps*, M. Hébrard.

Pour le *Journal de Paris*, M. Hervé.

Pour *l'Univers*, M. de Melun.

Pour *le Monde*, M. Cochin (contre M. Guéroult).

Pour le *Journal des Débats*, M. J. Lemoinne.

Pour *la Presse*, M. C. Clarigny.

Pour *l'Avenir National*, M. Pinart.

Pour *le Courrier français* (ou tout autre journal ouvrier), un ouvrier.

Il serait facile de vous citer tel ouvrier, très-populaire, qui, par son mérite, serait parfaitement digne de siéger au Corps législatif et qui, par la modération de ses idées, pourrait inspirer au gouvernement une entière sécurité.

Le Figaro n'apporterait pas de candidat à la liste. Mais il y aurait bien d'autres moyens de l'intéresser à son succès (1).

Tous ces candidats s'engageraient (sans qu'il leur en coutât beaucoup) à signer une profession de foi

______

(1) *L'Union dynastique* n'offrirait pas seulement aux journaux de Paris des candidatures à Paris : le nombre en est trop restreint. Tous les journalistes importants ont en province une circonscription où ils rêvent de se porter un jour.

nettement dynastique. Élus, ils siégeraient au centre.

En formant une liste qui réunirait ainsi, depuis M. Cochin jusqu'à un ouvrier, toute la gamme de l'opposition constitutionnelle, on comblerait l'abîme qui sépare aujourd'hui les « amis du premier degré » des ennemis déclarés. Contrairement à la politique qui a prévalu jusqu'à ce jour et qui traitait en ennemi (et par cela seul rendait souvent ennemi) quiconque manifestait quelque velléité d'indépendance, on élargirait assez les cadres de l'armée napoléonienne, on adoucirait assez sa discipline pour que tout ce qui n'est pas radicalement hostile y pût prendre place.

Ce n'est pas tout : pour que cette conversion soit efficace, il faut qu'elle soit préparée de longue date.

Dès que le plan de campagne serait arrêté, les journaux coalisés sentiraient eux-mêmes la nécessité de rentrer sur le terrain constitutionnel.

Il est permis de penser que la victoire les y maintiendrait.

Mais ce plan est chimérique ?

Mais une telle alliance, facile à combiner sur le papier, ne pourrait s'effectuer ?

N'en croyez rien :

Je ne me serais pas permis de vous exposer un tel système, si je n'avais acquis la *certitude* qu'avec un peu d'adresse, de persévérance et d'activité on le réaliserait aisément.

Des indices nombreux (*que je pourrais vous énumérer de vive voix*) me permettent de vous l'affirmer : si tous les journaux ci-dessus désignés n'adhéraient pas à la ligue, il s'en faudrait bien peu ; ni *le Temps* ni le *Journal de Paris* n'y manqueraient, et M. de Girardin, pensant en avoir eu la *première* idée, mènerait la campagne (1).

On conçoit, sans qu'il soit nécessaire de les énumérer, les avantages d'une telle combinaison.

La liste de l'*Union dynastique* passe-t-elle ? c'est pour le gouvernement un faible échec. Comparative-

______

(1) Pour l'*Avenir national*, une courte explication est nécessaire. Assurément l'allure radicale que lui ont donnée MM. Peyrat et F. Morin ne le prépare guère à figurer dans cette union dynastique. Mais l'*Avenir national* appartient à M. Pinart, candidat officiel de 1863, que ses opinions modérées désignent naturellement pour une semblable liste. M. Pinard désire vivement être élu. Il a grandement besoin (pour bien des causes) de la bienveillance du gouvernement. Il se séparerait de MM. Peyrat et Morin sous le prétexte de faire une plus large place, dans son journal, à l'étude des questions économiques et des grands problèmes sociaux. Il donnerait la direction de l'*Avenir*, ainsi réorganisé, à l'un de ses rédacteurs actuels, M. Horn, économiste sans passions politiques, qui écrivit autrefois dans plusieurs feuilles gouvernementales et qui reviendrait aisément à la modération. Tous les autres rédacteurs pourraient également rester.

ment au succès de la liste radicale de 1863, surtout de la liste radicale de 1869, c'est un triomphe.

Est-elle battue ? Elle aura du moins semé la division, empêché les deux tronçons extrêmes de la coalition de s'unir, diminué le nombre de voix des candidatures hostiles.

Et peut-être, à la faveur de cette division, plusieurs des candidats officiels réussiront-ils à passer.

A-t-elle réuni le plus grand nombre de voix sans avoir atteint le chiffre nécessaire pour assurer l'élec-tion au premier tour? (C'est l'hypothèse la plus pro-bable.) Placé, cette fois, entre ceux qui se disent ses amis et ceux qui s'avouent ses ennemis, le gouverne-ment soutient les premiers de tous ses efforts. Il con-vertit ainsi leur victoire en un succès personnel.

Je ne me fais nulle illusion : plusieurs de ceux qu'il aura ainsi fait réussir pourront mal voter; ils pour-ront causer des embarras, plus d'embarras peut-être que certains députés radicaux, mais qu'importe? Pour la masse du public, à qui les nuances échappent, pour la province, pour l'étranger surtout, un seul fait sub-sistera : *Ceux qui se disent ennemis de la dynastie sont battus ; ceux qui se disent amis de la dynastie sont élus.*

Or, en politique, *l'effet produit est tout.* Un gouvernement n'est malade que si on le croit malade. Il n'est battu que lorsqu'on le dit, lorsqu'il se dit lui-même battu.

Élections des départements.

Dans les départements, je l'ai dit, l'opposition compte multiplier les candidatures de premier tour. Elle tentera d'enrôler tous ceux qui, par leurs relations personnelles, leur influence locale (et le nombre en est grand), pourraient réunir 2,000 voix, 1,000 voix, 500 voix, en leur faisant prendre l'engagement de reporter ces voix, au second tour de scrutin, sur celui d'entre eux qui aura obtenu le plus grand nombre de suffrages. Tactique formidable, irrésistible, si à cette ligue les amis du gouvernement n'opposent pas une contre-ligue organisée par leurs soins.

L'*Union dynastique* paraîtra donc partout où l'*Union libérale* essayera de se former. Partout où celle-ci voudra multiplier les candidatures hostiles, prenant les devants, elle multipliera les candidatures sympathiques.

Le candidat officiel est-il bien choisi? Il passera au premier tour, ou bien il obtiendra le plus grand nombre de voix. En ce cas, les voix de *l'Union dynastique* (à qui le candidat officiel aura, en son nom personnel, promis la réciprocité) lui seront presque assurément acquises .

Si c'est, au contraire, un candidat de *l'Union dynastique* qui a réuni le plus grand nombre de voix, le candidat officiel reverse sur lui les siennes, et, si elle le juge convenable, l'administration le soutient.

En agissant ainsi, elle justifierait les candidatures officielles; car elle montrerait que le gouvernement cherche sincèrement à traduire le vœu du pays; qu'il ne met pas ses préférences personnelles au-dessus des manifestations du scrutin. Cette façon d'agir lui permettrait enfin d'attaquer les candidatures hostiles avec une certaine énergie. Tandis qu'il est choquant de la voir combattre ardemment certains candidats se disant dévoués à l'empereur, nul ne pourrait trouver mauvais qu'elle traitât sans ménagements ceux qui se seraient proclamés les ennemis du trône et de la dynastie.

Un tel programme peut, à première vue, sembler chimérique; il a du moins l'avantage *de ne rien compromettre*. Il n'enlève pas une voix aux candidats du gouvernement; il ne divise *que les forces hostiles*. N'obtiendrait-on que la moitié, que le quart des résultats poursuivis, ce sera toujours autant de pris *sur l'ennemi*. Là où le gouvernement doit triompher, on lui rendrait le triomphe plus facile; là où il doit être vaincu, on lui donnerait l'apparence du succès en arrachant aux candidats équivoques l'étiquette de l'opposition pour leur mettre une étiquette dynastique.

Que risquerait-on à tenter l'entreprise?

ANNEXE A (p. 177).

Pour formuler plus nettement ce programme, ne pourrait-on, six mois avant le scrutin, s'adresser aux électeurs par la voix d'une brochure?

Cette brochure rappellerait successivement par des chiffres et par des faits ce que chaque catégorie de citoyens doit à l'Empire.

Elle comparerait la situation politique, morale, économique de la France impériale avec celle des autres pays, avec celle de la France sous les autres régimes; elle en tirerait la preuve évidente qu'aucun pays, qu'aucune date de notre histoire ne saurait nous faire envie.

Ceci posé, elle mentionnerait l'appel adressé tant de fois par l'empereur aux hommes des anciens partis(1).

---

(1) « Je veux concourir à la conciliation de tous les partis dis-
» sidents et ramener dans le courant du grand fleuve populaire
» toutes les dérivations hostiles qui vont se perdre sans profit pour
» personne. » (*Discours de Bordeaux.*)

Elle le renouvellerait. Elle dirait que l'Empire sollicite tous les concours, toutes les intelligences, et que ceux qui voudront se tenir en dehors du large terrain où il vient de se placer ne sont pas seulement les ennemis de l'Empire, mais les ennemis du suffrage universel, les ennemis de la France (1).

Cet écrit serait l'annexe et le complément naturels des titres de la dynastie. Il ferait ressortir la grande pensée contenue dans cette publication et que la mauvaise foi des journaux hostiles comme l'inertie des feuilles gouvernementales ont étouffée.

« Je veux inaugurer une ère de paix et de conciliation, et j'appelle sans distinction tous ceux qui veulent franchement concourir avec moi au bien public. » (*Discours d'ouverture*, 1852.)

« Le cercle de notre constitution a été largement tracé. Tout honnête homme peut s'y mouvoir à l'aise, puisque chacun à la faculté d'exprimer sa pensée... Aujourd'hui plus d'exclusion. » (*Réponse au cardinal de Bonnechose.*)

(1) J'ai dans les mains de nombreux documents qui pourraient figurer utilement dans ce tableau récapitulatif. Je pourrais, si vous le désiriez, les remettre à la personne qui serait désignée pour l'écrire.

Retour de Sodome.

Lettre de M. de Persigny et de M. de Heeckeren à M. Mocquard, de M. Piétri à MM. Delangle et de Persigny.

CABINET

DU

MINITRE DE L'INTÉRIEUR.

—

Paris, le 29 mai 1863.

MON CHER MOCQUARD,

Notre collègue, le baron de Heeckeren, qui revient du Haut-Rhin, m'a remis une requête formée par un grand nombre des habitants de la ville de Thann, qui supplient instamment l'empereur d'accorder au sieur W..... (C...), instituteur-adjoint des écoles primaires, la remise de la peine de huit mois de prison, à laquelle il vient d'être condamné par le tribunal correctionnel de Colmar, pour outrages aux mœurs.

Il résulte d'un grand nombre de certificats joints à cette demande et même d'une lettre spéciale adressée au procureur impérial par les parents des élèves de cet instituteur, que, malgré sa faute, le sieur W....., par ses bons antécédents, ne serait pas indigne de la clémence qu'on sollicite pour lui. J'ajouterai, en outre, que le baron de Heeckeren m'a assuré que, si les habitants de Thann pouvaient espérer et savoir que, dans quelque temps, l'empereur daignerait accueillir leur requête, la grâce de cet individu produirait le meilleur effet dans la circonscription électorale où le gouvernement combat la candidature de M. Keller. Je vous serai donc très-obligé de vouloir bien parler très-brièvement de cette affaire à Sa Majesté et de me faire connaître la réponse de l'empereur.

Agréez, mon cher Mocquard, l'expression de mes sentiments bien dévoués.

Le ministre de l'intérieur,
F. DE PERSIGNY.

MINISTÈRE

DE L'INTÉRIEUR

—

CABINET DU MINISTRE.

—

Paris, le 29 mai 1865.

MON CHER COLLÈGUE,

Il est de la dernière urgence que cette affaire soit expédiée demain matin à M. Delangle, qui la connaît et qui l'attend, afin de lui donner une solution immédiate.

De mon côté, je dois envoyer à Thann une dépêche télégraphique dont l'effet sera très-important.

Je recommande donc cette transmission à tous vos soins obligeants.

Agréez, mon cher collègue, l'assurance de mes sentiments les plus affectueux.

Baron DE HEECKEREN.

A Monsieur Mocquard.

Lettre à son excellence le ministre de la justice.

CABINET DE L'EMPEREUR.

Minute n° 6401.

Palais des Tuileries, le 50 mai 1865.

MON CHER DELANGLE,

Tu attends, me dit-on, pour lui donner une solution immédiate, le recours en grâce ci-joint en faveur du sieur W....., auquel s'intéresse M. de Heeckeren, et qui m'est transmis par M. de Persigny. Je m'empresse de te l'envoyer.

Tout à toi,

Le chef sans titre,
FR. PIÉTRI.

A Son Excellence le ministre de l'intérieur.

MON CHER PERSIGNY,

Suivant l'ordre de l'empereur, je me suis empressé de transmettre à M. Delangle, qui, d'après la lettre de M. de Heeckeren, doit lui donner une solution immédiate, le recours en grâce en faveur du sieur W..., faisant l'objet de votre lettre du 29 mai.

Votre dévoué,

Le chef sans titre.
FR. PIÉTRI.

Ceinture bien placée ! ! !

Saumur, 17 novembre 1855.

*Lettre de M. Louvet, député, à l'empereur, au sujet
de la ceinture de la Vierge.*

Sire,

L'église du Puy-Notre-Dame, près Saumur, possède
une des plus précieuses reliques de la chrétienté. C'est
une ceinture de la Sainte Vierge, donnée par Guillaume VI, duc d'Aquitaine, qui l'avait rapportée des
croisades. La tradition dit qu'elle fut tissée par Marie
elle-même. Les archives de l'église du Puy et de nombreux documents historiques attestent l'authenticité de
cette relique. Les rois de France ont eu de tout temps
une grande foi en cette ceinture. Anne d'Autriche la
portait à Saint-Germain-en-Laye dans l'année 1628,
quand elle accoucha d'un prince qui fut Louis XIV.
S'il vous plaisait, Sire, de placer Sa Majesté l'impératrice sous la protection de cette relique pendant le
grand événement qui va couronner votre bonheur do-
mestique et consolider le repos de la France, je ne
doute pas que le curé et Mgr l'évêque ne s'empressas-
sent de déférer au désir de Votre Majesté.

J'ai l'honneur d'être avec le plus profond respect, Sire, de Votre Majesté, le très-humble et très-obéissant serviteur et sujet.

Le maire de Saumur, député au Corps législatif,

LOUVET.

Sont-ils assez écœurants.

Au moment de mettre sous presse, nous recevons le 23ᵐᵉ fascicule et nous en extrayons les lettres qui suivent. Elles ont été adressées à l'ex-empereur au sujet de la publication de la *Vie de César*. Notre titre peut servir de commentaire.

Carlsruhe, ce 9 août 1865.

Sire,

J'ai l'honneur d'informer Votre Majesté de ce que le ministre de France, M. le marquis de Cadore, a eu la complaisance de me remettre, au nom de son auguste souverain, le magnifique ouvrage dont Votre Majesté a daigné me faire présent.

J'en suis, sire, on ne peut plus touché et respectueusement reconnaissant, et cela d'autant plus que j'ai eu le rare avantage d'être témoin oculaire du sérieux travail que Votre Majesté a dû faire pour achever la tâche dont jouit à présent le monde éclairé et qu'admirent tous ceux qui ont eu l'honneur de s'approcher de Votre Majesté.

Que Votre Majesté daigne me permettre de regarder son ouvrage dont elle vient de m'honorer, comme un gage des sentiments de bienveillance qu'elle renferme dans son cœur pour toute l'humanité, et comme preuve d'affection dont elle fait jouir celui qui est fier d'en avoir été l'objet et qui a l'honneur de se nommer, Sire, de Votre Majesté, le très-humble et très-obéissant serviteur.

GUILLAUME, prince de Bade.

—

Dusseldorf, 12 mars.

Sire,

L'impatience avec laquelle on attendait la publication de la *Vie de César* a été certainement aussi vive en Allemagne qu'elle a pu l'être en France. Tout le monde comprend que cette œuvre, à laquelle on sait que Votre Majesté a consacré pendant des années tous ses moments de loisir, jettera un nouvel éclat sur les grandes choses qu'elle a su accomplir.

En daignant m'envoyer un magnifique exemplaire de cet ouvrage, vous m'avez pénétré, sire, d'une bien vive reconnaissance. Je sentais déjà combien il me serait difficile de vous l'exprimer, quand j'ai lu les quelques mots que Votre Majesté a bien voulu écrire de sa propre main à la première page. Si j'ai dû craindre que dans le passé telle circonstance pénible où je me suis trouvé n'ait altéré les sentiments de Votre Majesté à mon égard, aujourd'hui je trouve avec bonheur la preuve qu'elle n'a pas cessé de me les conserver tout entiers.

C'est donc un prix inestimable que vous avez donné, Sire, à ce beau livre en y traçant ces mots, qui m'ont si profondément touché, et qui resteront à jamais gravés dans mon cœur.

Que Votre Majesté daigne agréer l'expression très-faible de ma profonde et vive reconnaissance, avec laquelle je reçois ce *souvenir d'amitié*, et l'assurance de tous les sentiments respectueux et d'attachement, — dont je suis aussi l'organe de toute ma famille, — avec lesquels je ne cesserai d'y répondre.

J'ai l'honneur d'être, de Votre Majesté, le très-humble serviteur et très-dévoué cousin,

CHARLES, prince DE HOHENZOLLERN.

———

Sire,

Quand Votre Majesté m'a fait l'honneur (s'en souvient-elle ?) de me lire sa préface, j'en ai été très-frappé : je le suis bien autrement par la lecture de son livre que je viens d'achever.

Au point de vue de la question d'art, qui me touche d'abord, il me paraît avoir un mérite tout nouveau et très-singulier : il donne la vie la plus intense à ses récits sans recourir aux mièvreries de l'anecdote et de ce qu'on a appelé dans ces derniers temps la couleur locale. Il a la sobriété de style et de détails que comporte l'histoire la plus sévère, et il n'en a pas la sécheresse. Il nous initie au mouvement réel de la vie publique chez les anciens, qui était restée pour nous à l'état de légende : il déroule à nos yeux par grandes vues d'ensemble les destinées logiques du peuple romain; il nous intéresse passionnément au développement des institutions et des idées, à l'enchaînement fatal des événements. C'est donc une œuvre d'art des plus remarquables.

Mais c'est aussi l'œuvre profonde d'un penseur. Il y a telle page, telle phrase de deux lignes qui ouvrent des perspectives infinies; le présent et le passé se commentent et s'éclairent l'un par l'autre, se servant réciproquement d'explication et d'enseignement. Pour écrire un livre pareil, la sagacité naturelle et l'élévation de l'esprit ne suffisent pas : il faut la connaissance intime et la pratique du mécanisme intérieur des événements; il faut avoir fait de l'histoire en action.

L'auteur de la *Vie de César* était seul en état et en position de rendre ce service à la science. La postérité lui saura gré de l'avoir rendu et dédommagera son œuvre des injustices passagères qu'il a prévues et bravées.

Quant à moi, Sire, je remercie vivement Votre Majesté d'avoir bien voulu me comprendre parmi les premiers conviés à cette fête de l'esprit qu'elle offre aux hommes de bonne volonté, et je la prie d'agréer encore une fois l'expression de profond respect et d'entier dévouement avec lesquels je suis

Sont très-obéissant et très-fidèle sujet,

E. Augier.

Sire,

La faveur dont V. M. a daigné m'honorer par le don d'un exemplaire revêtu de votre signature me cause tant de joie et me pénètre d'une si profonde reconnaissance, que j'ose adresser à Votre Majesté elle-même mes respectueux remercîments; c'est l'héritage glorieux que je léguerai à ma famille; la pensée que j'ai été jugé digne d'un pareil présent me fortifie et me remplit de courage.

S'il m'est permis d'exprimer mon sincère sentiment sur cette grande œuvre, Sire, non seulement elle répandra de hauts enseignements historiques et philosophiques, mais elle exercera encore une influence salutaire sur les lettres ; notre littérature, entraînée vers l'affectation, semble tourmentée du désir de produire de l'effet ; elle cherche peut-être moins la justesse et la profondeur des idées que l'accumulation des images ; le style de la *Vie de César*, ce style où César reconnaîtrait sa netteté et sa précisision, est bien propre à nous ramener au bon goût en montrant que le beau langage vient des fortes pensées.

Toute mon ambition serait de mériter ce témoignage de votre auguste bienveillance par un travail qui obtint votre approbation. Je fais tout ce que je peux, en me désolant de ne pouvoir faire mieux, et, mille fois plus excité maintenant par la faveur que je reçois, je corrige et tâche d'arranger le moins mal possible une pièce en vers que j'ai achevée, que je lirai au Théâtre-Français au mois de mai, et que je suis bien honteux d'avoir due si longtemps à Votre Majesté.

Je suis avec le plus profond respect, Sire, de Votre Majesté le très-humble et très-dévoué serviteur.

P. Ponsard.

—

Sire,

Le souvenir que Votre Majesté daigne m'adresser de sa main est un titre d'honneur inappréciable pour moi et pour mes enfants. L'empereur ne pouvait me donner un témoignage d'estime dont je fusse plus fier, une marque de bonté qui me fût plus sensible. Je lui suis profondément reconnaissant de l'avoir pensé, et d'avoir pensé aussi que j'étais digne de comprendre et d'admirer un des premiers cette œuvre qui ne sera pas seulement l'honneur de l'histoire et des lettres. Elle laissera des traces plus profondes. Car élever les études historiques à cette hauteur, enlever le gouvernement des choses de ce monde au hasard, aux accidents, aux mesquines passions, pour le donner tout entier aux inspirations providentielles du génie, aux vues généreuses et aux vastes desseins des grandes âmes, ce n'est pas seulement ennoblir l'histoire, c'est ennoblir l'humanité.

Que Votre Majesté daigne agréer, Sire, avec l'expression de ma reconnaissance émue, celle de mon respect le plus profond et de mon plus absolu dévouement.

OCTAVE FEUILLET.

Paris, le 4 mars 1865.

—

Sire,

Je viens demander une grâce à Votre Majesté :

Un exemplaire de l'*Histoire de César.*

De Votre Majesté, Sire, le plus humble des critiques et des sujets.

ARSÈNE HOUSSAYE.

185, avenue Friedland.

—

Monsieur,

J'ai reçu le premier volume que l'empereur a daigné m'adresser. Rien ne pouvait m'être plus doux que ce souvenir de Sa Majesté. J'en suis touché comme si j'en étais indigne; j'en suis fier comme si je le méritais.

Veuillez, Monsieur, mettre aux pieds de Sa Majesté l'hommage de ma respectueuse gratitude, et agréez l'assurance de ma haute considération.

JULES SANDEAU.

Sèvres, 5 mars.

———

Sire,

Aussitôt après avoir reçu le premier volume de l'*Histoire de César*, j'ai prié le chef de votre cabinet de mettre aux pieds de l'empereur l'hommage de ma gratitude, mais je n'étais pas quitte envers l'historien. J'hésitais pourtant à vous écrire, tant il me semblait difficile de louer Votre Majesté d'une façon qui fût digne d'elle. Je me suis dit enfin que l'admiration d'un honnête homme, simplement et loyalement exprimée, ne saurait déplaire et même avait des chances pour arriver à votre cœur. On cherchera désormais dans la *Vie de César*, la pensée de Napoléon III, et cette grande figure à laquelle il semblait que rien ne pouvait ajouter aura reçu ainsi une grandeur inattendue et un lustre nouveau. Assez d'autres apprécieront l'élévation des vues, la profondeur des jugements, la sérénité et la dignité du style; qu'il me soit permis, à moi, de vous remercier au nom des lettres, de l'honneur que vous leur faites. Les lettres en seront éternellement fières et reconnaissantes. L'empereur Charles-Quint, pour avoir ramassé le pinceau du Titien, avait bien mérité des arts. Vous, sire, vous avez mieux fait. Vous avez pris la plume de Montesquieu, et vous vous en êtes servi.

Je mets aux pieds de l'empereur l'hommage de mon admiration, de mon respect et de mon dévouement.

JULES SANDEAU.

Sèvres, 20 mars.

Le cardinal Mathieu à M. Conti.

Monsieur,

Le second volume de l'*Histoire de Jules César*, que Sa Majesté a daigné me destiner, m'est parvenu avec votre lettre. En lisant ce bel et étonnant ouvrage, j'ai pensé que Jules César était bien heureux d'avoir conquis les Gaules et composé ses commentaires; car, sans cela, l'empereur aurait fait l'un et l'autre.

Je vous prie de déposer aux pieds de Sa Majesté, avec mes profonds hommages, l'expression de ma reconnaissance.

Agréez, monsieur, l'assurance de mes sentiments les plus distingués.

> † CÉSAIRE, !
> Card. arch. de Besançon.

Besançon, le 22 mai 1866.

Les deux billets que voici ne se rapportent pas au même objet, mais se passent mieux encore de commentaires :

Paris, le 15 octobre 1869.

Cher monsieur,

Je me noie en ce moment faute de quatre billets de mille francs.

Ah! si vous pouviez faire parvenir mon cri d'angoisse jusqu'à l'oreille de l'empereur!

Recevez, cher monsieur, l'assurance de mes sentiments les plus distingués.

ALBÉRIC SECOND.

—

Cher monsieur,

L'empereur a daigné entendre et accueillir mon cri de détresse.

Faites, je vous en prie, que mon cri de joie et de reconnaissance parvienne jusqu'à Sa Majesté.

Et croyez aux sentiments de haute considération de votre dévoué serviteur.

ALBÉRIC SECOND.

FIN.